TÚ PUEDES SANAR TU CUERPO

Louise L. Hay

TÚ PUEDES SANAR TU CUERPO

Causas mentales de la enfermedad física y la forma metafísica de vencerlas

Sintonice las transmisiones de Hay House en:
www.HayHouseRadio.com®

Título original: *Heal Your Body*
Traducción: Rafael Quijano

Diseño de portada: Salvador Marvin Rodríguez Zamora

© 1982, 1984, 2004, Louise L. Hay
Publicado originalmente en inglés, en 1982,
por Hay House, Inc., California, Estados Unidos.

Sintonice las transmisiones de Hay House en:
www.HayHouseRadio.com®

Derechos reservados

© 2009, Editorial Planeta Mexicana, S.A. de C.V.
Bajo el sello editorial DIANA M.R.
Avenida Presidente Masarik núm. 111, Piso 2
Polanco V Sección, Miguel Hidalgo
C.P. 11560, Ciudad de México
www.planetadelibros.com.mx

Primera edición en formato epub: febrero de 2014
ISBN: 978-607-07-1947-9

Primera edición: agosto de 1992
Vigésima novena reimpresión: julio de 2010
Primera edición en esta presentación: mayo de 2011
Vigésima séptima reimpresión en esta presentación: julio de 2021
ISBN: 978-607-07-0711-7

Impreso en los talleres de Impregráfica Digital, S.A. de C.V.
Av. Coyoacán 100-D, Valle Norte, Benito Juárez
Ciudad De Mexico, C.P. 03103
Impreso y hecho en México – *Printed and made in Mexico*

DEDICATORIA

Durante mucho tiempo he tenido la siguiente creencia: "Todo lo que necesito saber me es revelado". "Todo lo que requiero me es concedido." "Todo está bien en mi vida." Ningún conocimiento es nuevo: la totalidad del saber es muy antigua e infinita. Mi felicidad y mi placer radican en la conjunción de la sabiduría y el conocimiento para beneficiar a todos aquellos que transitan por el camino de la cura. Ofrezco esta dedicatoria a todos aquellos que me han enseñado lo que sé: a mis numerosos clientes, a mis amigos y colegas, a mis maestros. Y a la Divina Inteligencia Infinita que se ha servido de mí como instrumento de la voz que los demás necesitan escuchar.

AGRADECIMIENTOS

Deseo expresar mi agradecimiento al doctor Robert Lang, profesor de medicina en la Universidad de Yale, y a Pete Grim y René Espy, doctores en ciencias, quienes compartieron conmigo sus ideas y su sabiduría.

PRÓLOGO A LA CUARTA EDICIÓN

No era mucho lo que yo sabía cuando por primera vez escribí la versión original de *Tú puedes sanar tu cuerpo*. Esta es la razón por la que ahora escribo un prólogo nuevo para esta cuarta edición, corregida y aumentada. Este "pequeño libro azul", como afectuosamente lo llaman miles de sus lectores, ha llegado a convertirse para ellos en un compañero indispensable. Se han vendido cientos de miles de copias de esta obra, excediendo con mucho mis expectativas del principio, y, además, *Tú puedes sanar tu cuerpo* me ha abierto innumerables puertas y me ha ganado amigos en todas partes. A dondequiera que viajo, me encuentro constantemente con personas que me muestran los gastados ejemplares que llevan en su bolso o en los bolsillos.

Este pequeño libro no "cura" a nadie. Pero lo que sí hace es despertar en tu interior la facultad para coadyuvar a tu propio proceso de curación. Para obtener la salud y conservar la integridad debemos equilibrar cuerpo, mente y espíritu. Es necesario que nuestros cuerpos estén bien cuidados y que mantengamos una actitud mental positiva ante nosotros mismos y ante la vida. Requerimos también de un sólido vínculo espiritual. Cuando los tres aspectos mencionados se encuentran en equilibrio, vivir es la causa de nuestro regocijo. Ningún doctor, ningún especialista en la salud puede entregarnos esto, a no ser que decidamos intervenir en nuestro propio proceso de curación.

En esta edición encontrarás muchas nuevas adiciones, así como referencias cruzadas para obtener mayor información. Te sugiero que hagas una lista de todos los padecimientos que has tenido, con objeto de descubrir sus causas mentales. Descubrirás un patrón que te enseñará mucho acerca de ti mismo. Elige unas cuantas afirmaciones para repetirlas durante un mes. Al hacerlo así ayudarás a la eliminación de los viejos patrones que durante tanto tiempo te han acompañado.

Louise L. Hay

Santa Mónica, California
1 de febrero de 1988

*Edición corregida y aumentada: abril de 1988

INTRODUCCIÓN

En esta edición de nuevo revisada deseo compartir contigo una de las razones por las que SÉ que el mal-estar puede ser reversible en virtud de la reversibilidad de los patrones mentales.

Hace algunos años se me diagnosticó un cáncer en la vagina. No es para sorprender el que haya desarrollado esta enfermedad justo en esa parte de mi cuerpo: fui violada cuando tenía apenas cinco años, y se me trataba a golpes. El haber sido maestra de curación durante varios años no fue un obstáculo que me impidiera aprovechar la oportunidad de poner en práctica y demostrar en mí misma lo que había enseñado a los demás.

Como cualquiera a quien se le acaba de anunciar que tiene cáncer, fui presa de un pánico absoluto. Sin embargo, sabía que la curación mental funcionaba. Estaba al tanto de que el cáncer se desprende de un patrón de resentimiento profundo y acumulado durante largo tiempo, hasta que, al fin, devora literalmente al cuerpo. Supe así que lo que tenía por delante era mucho trabajo mental por hacer. Me percaté de que estaba en mis manos la operación que me permitiría deshacerme del cáncer, pero si no esclarecía el patrón mental que lo había creado, los doctores simplemente seguirían cortando trozos de Louise hasta que ya no quedara más Louise de donde cortar. Si me operaba y esclarecía el patrón mental que era el causante del cáncer, entonces éste desaparecería para siempre. Cuando el cáncer o cualquier otra enfermedad se presenta de nuevo, no creo que esto se deba a que el doctor no logró erradicarla del todo, sino más bien a que el paciente no ha realizado ningún cambio mental, de tal manera que no hace sino reproducir la misma enfermedad. Tampoco ignoraba que no necesitaría del doctor si lograba aclararme el patrón mental que generaba el estado denominado cáncer. Así que pedí tiempo fuera. El doctor me concedió de muy mala gana tres meses de plazo, al tiempo que me advertía que mi vida peligraba con esta demora.

Comencé a trabajar de inmediato en mi propio malestar con el fin de esclarecer viejos patrones de resentimiento. Hasta ese momento no fui capaz de reconocer que había acumulado profundo resentimiento. Es frecuente que permanezcamos ciegos ante nuestros propios patrones. La labor de perdón que tenía por delante era inmensa. Entre otras medidas acudí a un buen nutriólogo para desintoxicar por completo mi cuerpo. De esta forma, aunando limpieza mental e higiene física, en seis meses me encontré en condición de acudir a la ciencia médica, sólo para verificar que coincidíamos en lo que yo ya sabía: que había logrado curarme, en definitiva, de cualquier modalidad de cáncer. Todavía conservo como recordatorio de cuán negativamente creadora podía ser el reporte original del laboratorio.

Ahora, cuando acude a mí un cliente, sin importar qué tan abrumador puede parecer su predicamento SÉ si DESEA o no hacer el trabajo mental necesario para liberarse y perdonar; si está dispuesto a ello, entonces casi todo es curable. La palabra "incurable", que tan aterradora resulta para tantas personas, sólo significa en realidad que cierto padecimiento en particular no puede curarse con métodos "externos", y que debemos *volvernos* hacia nuestro *interior* para obtener la salud. El padecimiento viene de la nada y a ella retornará.

LA PLENITUD DEL PODER ES EL INSTANTE PRESENTE

Aquí y ahora, en nuestras propias mentes, ni más ni menos. No importa cuánto tiempo nos hemos orientado por patrones negativos, como una enfermedad, una relación viciada, malas finanzas o el menosprecio de sí mismo: hoy podemos iniciar el cambio. Lo que hemos pensado y las palabras que hemos empleado repetitivamente han conformado nuestra vida y experiencia hasta el momento presente. No obstante, esos pensamientos pertenecen al pasado, se trata de algo que hicimos antes. Lo que en este momento elijamos pensar y decir creará el mañana, el día después de mañana, la próxima semana, el mes que viene y el año entrante, etcétera. La plenitud del poder es el instante presente. Es en este punto donde comenzamos a hacer cambios. ¡Qué idea tan liberadora! ¡Podemos permitir que las viejas tonterías se alejen de nosotros! Precisamente ahora. El paso más pequeño establecerá una diferencia.

Cuando eras un bebé pequeñito todo en ti no era sino júbilo puro y amor. Sabías que eras muy importante y sentías que ocupabas el centro del Universo. Eras muy valiente: pedías lo que querías y expresabas en forma abierta todos tus sentimientos. Te amabas totalmente, en cada parte de tu cuerpo, incluyendo tus heces. Sabías que eras perfecto: y esta es la verdad de tu ser. El resto no es sino tontería aprendida que por igual puede ser desaprendida.

Con cuánta frecuencia nos hemos dicho: "Así soy yo", o "Así

son las cosas". En realidad, lo que decimos es lo que "creemos es la verdad para nosotros". Por lo general, lo que creemos no es sino la opinión ajena que hemos aceptado e incorporado a nuestro propio sistema de creencias, y que armoniza con otras cosas que también creemos. Si de niños se nos enseñó que el mundo es un lugar aterrador, entonces aceptaremos como una verdad para nosotros todo lo que escuchemos y que vaya de acuerdo con esa creencia: "No confíes en los extraños", "No salgas de noche", "La gente te engañará", etcétera. Por otra parte, si desde la más temprana edad se nos enseñó que el mundo es un lugar seguro y placentero, entonces creeremos otras cosas: "El amor está en todas partes", "La gente es amigable", "El dinero me llega con facilidad", etcétera. Las experiencias de la vida son el reflejo de nuestras creencias.

Rara vez nos detenemos a cuestionar nuestras creencias. Por ejemplo, podríamos preguntarnos: "¿Por qué creo que aprender me resulta difícil? ¿Sucede esto en verdad? ¿Resulta verdadero para mí, ahora? ¿De dónde procede esa creencia? ¡Sigo creyendo en ella sólo porque mi maestro de primaria me la repitió una y otra vez? ¿Estaría yo mejor si me deshiciera de esa creencia?"

Detente un momento y toma de sorpresa tu pensamiento. ¿En qué estás pensando en este preciso momento? Si los pensamientos conforman tu vida y experiencias, entonces ¿querrías que este pensamiento se volviera verdadero para ti? Si es un pensamiento de preocupación, de ira, daño o venganza, ¿cómo crees que revertiría en ti lo que estás pensando? Si deseamos una vida espléndida, entonces debemos tener pensamientos espléndidos. Mental o verbalmente, sea lo que sea que salga de nosotros nos será devuelto en forma parecida.

Concédete un momento para pensar en las palabras que dices. Si te escuchas repetir algo durante tres ocasiones, entonces anótalo, pues se ha convertido en un patrón para ti. Al finalizar la semana, mira la lista que has hecho y verás cómo tus palabras se dan la mano con tus experiencias. Que tu voluntad esté dispuesta a cambiar tus palabras y pensamientos: notarás el cambio en tu vida. La manera de controlar tu vida consiste en el control que ejerces al elegir tus palabras y pensamientos. Nadie sino tú piensa en tu mente.

EQUIVALENTES MENTALES
Los patrones mentales de pensamiento que configuran nuestra experiencia

En nuestras vidas, tanto el bien como el mal-estar son el resultado de patrones mentales de pensamiento que configuran nuestras experiencias. Todos poseemos abundantes patrones de pensamiento que generan experiencias buenas y positivas y de las que disfrutamos. Son los patrones de pensamiento negativo los que generan las experiencias incómodas y poco gratificantes en las que nos involucramos. Lo único que está en juego es nuestro deseo por transformar nuestro mal-estar en la vida en una salud perfecta.

Hemos aprendido que para cada efecto resultante en nuestras vidas hay un patrón de pensamiento que lo precede y sustenta. Nuestros patrones consistentes de pensamiento son los que crean nuestras experiencias. Por lo tanto, si modificamos nuestros patrones de pensamiento podemos transformar nuestras experiencias.

Fue mucha la alegría que sentí cuando por primera vez descubrí las palabras *causas metafísicas*. Éstas describen el poder que subyace en las palabras y los pensamientos que crean las experiencias. La nueva noticia me entregó la comprensión de la conexión que existe entre los pensamientos, las distintas partes del cuerpo y los problemas físicos. Aprendí cómo, sin saberlo, había dado lugar al mal-estar en mí misma y esto señaló en mi vida una gran diferencia. Ahora podía dejar de culpar a la vida y a los demás por lo que marchaba mal en mi vida y en mi cuerpo; ahora podía ser cabalmente responsable de mi propia salud. Al dejar de hacerme reproches y sentirme culpable, comencé a ver cómo podía evitar en lo futuro la creación de patrones de mal-estar.

Por ejemplo, no podía entender por qué tenía repetidamente problemas de tortícolis. Descubrí entonces que el cuello representaba la flexibilidad para tratar los asuntos, la disposición para enfocar los diferentes aspectos de una misma cuestión. Yo era una persona sumamente inflexible que a menudo se rehusaba a prestar atención a otros enfoques sobre un mismo asunto sin recelo. Sin embargo, a medida que adquiría mayor flexibilidad en mi pensamiento, así como la capacidad de entender con amorosa disposición el punto de vista de los otros, mi cuello dejó de molestarme. Ahora, si mi cuello llega a ponerse algo rígido, miro a ver dónde mi pensamiento es rígido e inflexible.

EL REEMPLAZO DE LOS VIEJOS PATRONES

Con objeto de eliminar permanentemente una afección, en primer lugar debemos trabajar para disolver la causa mental. Pero, con frecuencia, dado que desconocemos la causa, se nos dificulta saber por dónde debemos empezar. De modo que si te dices: "Si al menos supiera cuál es la causa de este dolor", espero que este librito pueda aportarte tanto la clave para determinar las causas, así como ser una guía que te ayude a construir nuevos patrones de pensamiento que a su vez generarán salud física y mental.

He aprendido que a cada afección en nuestras vidas corresponde una NECESIDAD DE ELLA. De no ser así no la tendríamos. En sí mismo, un síntoma es sólo un efecto externo. Debemos ir al interior de nosotros mismos para disolver la causa mental. Por esta razón la Fuerza de Voluntad y la Disciplina no funcionan, pues éstas sólo combaten el efecto más exterior. Es como si sólo podáramos la mala hierba en lugar de arrancarla de raíz. De modo que, antes de comenzar a hacer afirmaciones dentro del marco del nuevo Patrón de pensamiento, trabaja en la DISPOSICIÓN PARA LIBERARTE DE LA NECESIDAD de cigarrillos o del dolor de cabeza o el exceso de peso o lo que sea. Una vez que la necesidad se halla ido deberá expirar el efecto exterior. No hay hierba que pueda sobrevivir si se corta su raíz.

Los patrones mentales de pensamiento que causan la mayor parte del mal-estar corporal son la CRÍTICA, la IRA, el RESENTIMIENTO y la CULPA. Por ejemplo, una complacencia excesiva en la crítica con frecuencia bastará para provocar enfermedades como la artritis. La ira se transforma en cosas que hierven, queman e infectan el cuerpo. El resentimiento acumulado durante largo tiempo lo carcome y devora a uno mismo, y a la larga puede conducir a la formación de cáncer y tumores. La culpa siempre busca castigo y conduce al dolor. Resulta mucho más fácil liberar a nuestras mentes de estos patrones de pensamiento negativo cuando estamos saludables, en lugar de tratar de desentrañarlos cuando nos encontramos en estado de pánico y bajo la amenaza del bisturí del cirujano.

La siguiente lista de equivalentes mentales fue completada a lo largo de muchos años de estudio, a partir del trabajo realizado con mis propios clientes, y de mis conferencias y talleres de trabajo. Esta lista resulta un buen auxiliar como una guía de referencia rápida al patrón mental que probablemente se oculta por detrás del mal-estar en tu cuerpo. Te la ofrezco con amor y con el deseo de compartir este sencillo método de ayuda que *Sana tu cuerpo*.

AFIRMACIONES PARA SANAR

PROBLEMA	CAUSA PROBABLE	NUEVO PATRÓN DE PENSAMIENTO
Aborto (aborto espontáneo)	Temor. Miedo al futuro. "No ahora, más tarde." Momento inapropiado.	*La acción de derecho Divino siempre tiene lugar en mi vida. Me amo y me apruebo. Todo está bien.*
Absceso	Pensamientos inquietantes sobre heridas, menosprecio y venganza.	*Permito que mis pensamientos sean libres. Lo anterior ya pasó. Estoy en paz.*
Accesos	Huir de la familia, de sí mismo o de la vida.	*Me siento cómodo en el universo. Estoy a salvo, seguro y soy comprendido.*
Accidente cerebrovascular Véase: Ataque (Accidente cerebrovascular/ACV)		
Accidentes	Incapacidad para hablar por sí mismo. Rebeldía contra la autoridad. Fe en la violencia.	*Libero el patrón que en mí creó esto. Estoy en paz. Soy digno.*

20

Acedia *Véase*: Úlcera péptica, Estómago, problemas en él; Úlceras	Miedo, miedo, miedo. Miedo atenazante.	*Respiro libre y plenamente. Estoy a salvo.* *Confío en el proceso de la vida.*
Acné	No se acepta el yo. Desagrado de sí mismo.	*Soy una expresión Divina de la vida. Me* *amo y me acepto como soy ahora.*
Acné miliar *Véase*: Barros	Esconder fealdad.	*Me acepto como bello y amado.*
Adenoides	Conflictos familiares y discusiones. Durante éstos, el niño siente que no es bienvenido.	*Este niño es deseado y muy bien acogido, y* *amado profundamente.*
Adicciones	Huida de sí mismo. Temor. No se sabe cómo amar al yo.	*Ahora descubro lo maravilloso que soy. Elijo amarme y gozar de mí mismo.*
Adrenales, problemas *Véase*: Síndrome de Addison, Mal de Cushing.	Derrotismo. Ya no se tiene cuidado de sí mismo. Ansiedad.	*Me amo y me apruebo. Para mí, cuidar de* *mí mismo representa seguridad.*

21

Afta *Véase:* Cándida, Boca, Infecciones con supuración	Ira por tomar decisiones *equivocadas*.	*Con amor acepto mis decisiones, sabiendo que soy libre para cambiar. Estoy a salvo.*
Alcoholismo	"¿Qué importa ya?" Sentimiento de futilidad, culpa y falta de adecuación. Autorrechazo.	*Vivo en el ahora. Cada momento es nuevo. Elijo ver mi valía. Me amo y me apruebo.*
Alergias *Véase:* **Fiebre de heno**	¿A quién eres alérgico? Negación de tu propio poder.	*El mundo es seguro y amigable. Estoy a salvo y en paz con la vida*
Aliento	Representa la aptitud para absorber la vida.	*Amo la vida. El vivir es seguro.*
Almorranas *Véase:* Hemorroides		
Amenorrea *Véase:* Femeninos, problemas; Menstruales, problemas	No querer ser mujer. Desagrado por el yo.	*Me regocija ser lo que soy. Soy una bella expresión de la vida que fluye perfectamente en todo momento.*

22

Amnesia	Temor. Huir de la vida. Ineptitud para responder de sí mismo.	*Inteligencia, coraje y autovalía siempre están presentes. Estar vivo es seguro.*
Ampollas	Resistencia. Falta de protección emocional.	*Fluyo suavemente con la vida y con cada nueva experiencia. Todo está bien.*
Ampollas de fiebre Véase: Herpes labial, Herpes símplex		
Anemia	Actitud de : "sí, pero..." Falta de placer. Temor a la vida. No sentirse lo bastante bueno.	*Es seguro para mí experimentar gozo en todas las áreas de mi vida. Amo a la vida.*
Anemia de célula falciforme	La creencia de que no se es bastante bueno, destruye el gozo de la vida.	*Este niño vive y respira el gozo de la vida y es nutrido por el amor. Dios hace milagros todos los días.*
Angina (Absceso peritonsilar) Véase: Garganta, dolor de; Tonsilitis	Fuerte creencia de que no se puede hablar por sí mismo y exponer las propias necesidades.	*Es mi derecho de nacimiento satisfacer mis necesidades. Ahora pido lo que quiero con amor y facilidad.*

23

Ano *Véase: Hemorroides*	Evadir el punto. Echar tierra	*Con gran facilidad y comodidad me desha-* *go de aquello que ya no necesito en la vida.*
—Absceso	Ira en relación con aquello que no se quiere liberar.	*Es seguro darle salida. Sólo lo que ya no* *necesito abandona mi cuerpo.*
—Comezón (*Pruritis Ani*)	Culpa por el pasado. Remordimiento.	*Con todo amor me perdono. Soy libre,*
—Dolor	Culpabilidad. Deseo de castigo. No sentirse lo bastante bueno.	*El pasado acabó. Prefiero amarme y apro-* *barme en el ahora.*
—Fístulas	Liberación incompleta de la basura. Aferrarse a la basura del pasado.	*Es con amor que me libero totalmente del* *pasado. Soy libre y soy amor.*
—Sangrado *Véase: Sángrado anorrectal*		

24

Anorexia	Negar la vida del yo. Temor extremo, odio a sí mismo y rechazo.	*Estoy a salvo siendo yo. Me siento maravilloso así como soy. Elijo vivir. Opto por el gozo y la autoaceptación.*
Ansiedad	No confiar en el flujo y el proceso de la vida.	*Me amo y me apruebo a mí mismo y confío en el proceso de vida. Estoy a salvo.*
Apatía	Resistencia al sentimiento. Matar el yo. Temor.	*Es seguro sentir. Me abro a la vida. Estoy dispuesto a experimentar la vida.*
Apendicitis	Miedo. Temor a la vida. Bloquear el flujo del bien.	*Estoy a salvo. Me relajo y dejo que la vida fluya gozosamente.*
Apetito		
—Excesivo	Miedo. Se necesita protección. Las emociones se someten a juicio.	*Estoy a salvo. Es seguro el sentir: Mis sentimientos son normales y aceptables.*
—Pérdida de Véase: Anorexia	Temor. Protección del yo. No confiar en la vida.	*Me amo y me apruebo. Estoy a salvo. La vida es segura y placentera.*

Arrugas abolsadas	Las arrugas abolsadas en la cara provienen de pensamientos abolsados en la mente. Resentimiento por la vida.	Expreso el gozo de vivir y me permito disfrutar todo momento de cada día, en su totalidad. Me vuelvo joven otra vez.
Arterias	Portar el gozo de la vida.	Estoy lleno de gozo. Éste fluye a través de mí con cada latido de mi corazón.
Arterioesclerosis	Resistencia, tensión. Mentalidad estrecha y endurecida. Se rehusa a ver el bien.	Estoy completamente abierto a la vida y al gozo. Elijo ver con amor.
Articulaciones Véase: Artritis, Codo, Rodilla, Hombros.	Representa cambios de dirección en la vida y la facilidad de estos movimientos.	Con facilidad fluyo con el cambio. Mi vida está guiada por la Divinidad y siempre sigo la mejor dirección.
Articulación temporomandibular Véase: Mandíbula, problemas en la		
Artritis Véase: Articulaciones	Te sientes falto de amor. Crítica, resentimiento.	Soy amor. Ahora elijo amarme y aprobarme. Veo a los demás con amor.

26

Artritis reumatoide	Honda crítica a la autoridad. Sentir que se abusa de nosotros en exceso.	*Soy mi propia autoridad. Me amo y me apruebo a mí mismo. La vida es buena.*
Asma	Madre consentidora. Ineptitud para respirar por sí mismo. Te sientes tenso. Suprimes el llanto.	*Ahora resulta seguro para mí hacerme cargo de mi propia vida. Elijo ser libre.*
—Bebés y niños	Miedo a la vida. No se quiere estar aquí.	*Este niño está seguro y es amado. Es bienvenido y mimado.*
Ataque (Accidente cerebrovascular/ACV)	Rendirse. Resistencia. "Preferible morir a cambiar." Rechazo a la vida.	*La vida es cambio y yo me adapto fácilmente a lo nuevo. Acepto la vida: pasada, presente y futura.*
Ataques de asfixia Véase: Respiración, problemas de, Hiperventilación	Temor. No confiar en el proceso de la vida. Aferrarse a la infancia.	*Es seguro crecer. El mundo está a salvo. Yo estoy a salvo.*
Ataque vasovagal Véase: Desmayo		

27

Aturdimiento (Parestesia)	Retener amor y consideración. Caminar mentalmente muerto.	Comparto mis sentimientos y amor. Respondo al amor de todos.
Balance, pérdida de	Pensamiento disperso. No centrado.	Me centro en la seguridad y acepto la perfección de mi vida. Todo está bien.
Barros	Pequeños estallidos de ira.	Calmo mis pensamientos y estoy sereno.
Barros Véase: Comedones, Acné miliar	Pequeñas explosiones de ira	Calmo mis pensamientos y estoy seguro.
Bazo	Obsesiones. Estar obsesionado por las cosas.	Me amo y me apruebo a mí mismo. Confío en que el proceso de la vida existe para mí. Estoy a salvo. Todo está bien.
Boca	Representa aceptar nuevas ideas y nutrimento.	Me nutro con amor.

28

—Problemas	Opiniones fijas. Mente cerrada. Incapacidad para aceptar nuevas ideas.	*Recibo con beneplácito ideas nuevas y nuevos conceptos y los preparo para su digestión y asimilación.*
Bocio *Véase:* Tiroides	Odio por verse sometido. Victima. Sentimiento de verse impedido en la vida. No satisfecho.	*Soy el poder y autoridad en mi vida. Soy libre para ser yo.*
Brazo(s)	Representa(n) la capacidad y aptitud para abarcar las experiencias de la vida.	*Con amor sostengo y abrazo mis experiencias; lo hago con facilidad y regocijo.*
Bronquitis *Véase:* Respiratorios, males	Ambiente familiar explosivo. Discusiones y gritos. A veces en silencio.	*Declaro paz y armonía dentro de mí y a mi derredor. Todo está bien.*
Bulimia	Terror sin esperanza. Atiborramiento y purga frenética de odio a sí mismo.	*Soy amado y nutrido y apoyado por la Vida misma. Es seguro para mí estar vivo.*
Bursitis	Ira reprimida. Deseo de golpear a alguien.	*El amor relaja y libera todo lo que no es el mismo*

Cabello gris	Tensión. Creencia en la presión y en el esfuerzo.	*Estoy en paz y me encuentro cómodo en cualquier aspecto de mi vida. Soy fuerte y capaz.*
Cadera	Lleva el cuerpo en balance perfecto. Empuje mayor al avanzar hacia adelante.	*¡Viva, viva! ¡Hurra! Hay gozo en cada día. Estoy equilibrado y soy libre.*
Cadera, problemas de	Miedo a seguir adelante en decisiones importantes. Nada hacia donde avanzar.	*Estoy en equilibrio perfecto. Avanzo en la vida con facilidad y gozo, en cualquier edad.*
Calambres	Tensión. Miedo. Absorbente, obstinado.	*Me relajo y permito que mi mente esté en paz.*
Calambres abdominales	Temor. Detener el proceso.	*Confío en el proceso de vida. Estoy a salvo.*
Cálculo nefrítico	Abultamientos de ira no disuelta	*Disuelvo todos los problemas pasados con facilidad*
Cálculos biliares (Colelitiasis)	Amargura. Pensamientos de dureza. Condena. Orgullo.	*Hay una liberación gozosa del pasado. La vida es dulce y así soy yo.*

30

Callos	Conceptos e ideas endurecidos. Temor solidificado.	*Es seguro ver y experimentar nuevas ideas y nuevas formas. Estoy abierto y receptivo al bien.*
Callos	Áreas endurecidas de pensamiento. Te aferras tercamente al dolor del pasado.	*Avanzo libre del pasado. Estoy a salvo. Soy libre.*
Calvicie	Temor. Tensión. Tratar de controlar todo. No confiar en el proceso de la vida.	*Estoy a salvo. Me amo y me apruebo. Confío en la vida.*
Canal de la raíz. *Véase:* Dientes	Ya no puedo morder nada. Las creencias arraigadas te destruyen.	*Creo cimientos firmes para mí y para mi vida. Elijo a mis creencias para que me respalden con gozo.*
Cáncer	Herida profunda. Resentimiento largamente acumulado. Una pena secreta y profunda que consume al yo. Acarrear odios. "¿Qué más da?"	*Con amor perdono y libero todo lo pasado. Elijo poblar de gozo mi mundo. Me amo y me apruebo.*
Cándida (Candidiasis) *Véase:* Afta, Infecciones con supuración	Sentirse muy disperso. Demasiada frustración e ira. Exigente y desconfiado en las relaciones. Grandes absorbedores.	*Me doy permiso para ser todo lo que puedo ser y sé que merezco lo mejor de la vida. Me amo y me aprecio a mí mismo y a los demás.*

Cara	Representa lo que mostramos al mundo.	Estoy seguro siendo yo. Expreso quién soy.
Carbunclo Véase: Divieso	Ira ponzoñosa respecto a injusticias personales.	Me libero del pasado y permito que el tiempo cure todas las áreas de mi vida.
Cataratas	Ineptitud para ver adelante con placer. Futuro oscuro.	La vida es eterna y está llena de gozo. Espero con ansia todo momento por venir.
Celulitis	Ira almacenada y autocastigo.	Perdono a los demás y me perdono a mí mismo. Soy libre para amar y gozar de la vida.
Cerebro	Representa a la computadora, al conmutador.	Soy el amoroso operador de mi mente.
—Tumor	Creencias incorrectas computarizadas. Terquedad. Te rehusas a modificar viejos patrones.	Es fácil para mí reprogramar la computadora de mi mente. Toda la vida es cambio y mi mente siempre está nueva.
Ciática	Ser hipócrita. Temor al dinero y al futuro.	Entro en mi bien más grande. Mi bien está en todas partes y estoy seguro y a salvo.

32

Circulación	Representa la aptitud para sentir y expresar las emociones en forma positiva.	*Soy libre para hacer circular amor y gozo en todas partes de mi mundo. Amo la vida.*
Cistitis Véase: Vejiga, problemas de		
Codo Véase: Articulaciones	Representa los cambios de dirección y la aceptación de nuevas experiencias.	*Con facilidad fluyo con nuevas experiencias, nuevas direcciones y nuevos cambios.*
Colapso nervioso	Centrado en sí mismo. Cerrar los canales de comunicación.	*Abro mi corazón y creo sólo comunicación de amor. Estoy a salvo. Todo está bien.*
Colelitiasis Véase: Cálculos biliares		
Colesterol (Ateroesclerosis)	Obstrucción de los canales de gozo. Miedo a aceptar el placer.	*Elijo amar la vida. Mis canales de placer están abiertos. Es más seguro recibir.*
Cólico	Irritación mental, impaciencia, disgusto por lo que nos rodea.	*Este niño responde sólo al amor y a los pensamientos amorosos. Todo está en paz.*

33

Colitis *Véase:* Colon, Intestinos, Colon mucoso, Colitis espástica	Inseguridad. Representa la facilidad de dejar ir lo que ya pasó.	*Soy parte del perfecto ritmo y flujo de la vida. Todo se halla en el correcto orden Divino.*
Colitis espástica *Véase:* Colitis, Colon, Intestinos, Colon mucoso	Miedo a dejar ir. Inseguridad.	*Es seguro para mí el vivir. La vida siempre me proveerá. Todo está bien.*
Colon mucoso *Véase:* Colitis, Colon, Intestinos, Colitis espástica	Depósitos incrustados de confusos pensamientos que destruyen el canal de eliminación. Revolcarse en el fango pegajoso del pasado.	*Libero y disuelvo el pasado. Soy un pensador claro. Vivo en el ahora en paz y gozo.*
Coma	Miedo. Escapar de algo o alguien.	*Te rodeamos con seguridad y amor. Creamos un espacio para que sanes. Eres amado.*
Comedones	Pequeñas explosiones de ira.	*Calmo mis pensamientos y soy sereno.*

34

Comezón (Pruritis)

Deseos que van contra el grano. Insatisfacción. Remordimiento. Comezón por salir o alejarse.

Estoy en paz aquí donde estoy. Acepto lo bueno que tengo, sabiendo que todas mis necesidades y deseos serán satisfechos.

Congestión
Véase: Bronquitis, Resfríos, Influenza

Conjuntivitis
Véase: Ojos irritados

Ira y frustración ante lo que ves en la vida.

Veo con ojos de amor. Hay una solución armoniosa y la acepto ahora.

Corazón
Véase: Sangre

Representa el centro de amor y seguridad.

Mi corazón late con el ritmo de amor.

—Ataque (Infarto al miocardio)
Véase: Trombosis coronaria

Exprimir todo el gozo del corazón en favor del dinero o la posición, etcétera.

Traigo gozo de nuevo al centro de mi corazón. Expreso amor a todo.

—Problemas

Problemas emocionales ya viejos. Falta de gozo. Endurecimiento del corazón. Creencia en la tensión y la presión.

Gozo, gozo, gozo. Con amor dejo que el gozo fluya a través de mi mente, cuerpo y experiencia.

Crup
Véase: Bronquitis

Cortadas
Véase: Lesiones, Heridas

Castigo por no seguir tus propias reglas.

Creo una vida abundante en recompensas.

Cuello (espina cervical)

Representa flexibilidad. Habilidad para ver lo que está atrás.

Estoy en paz con la vida.

Cuello, problemas en el
Véase: Desalineamiento espinal; Sección especial, pág. 95. Cuello rígido.

Rehusarse a ver otros aspectos de una cuestión. Terquedad, inflexibilidad.

Veo con facilidad y flexibilidad todos los aspectos de una cuestión. Existe un número infinito de formas de hacer y de ver las cosas. Estoy a salvo.

Cuello rígido
Véase: Cuello, problemas de

Testarudez indoblegable.

Es seguro ver los otros puntos de vista.

36

	Problema	Causa probable	Nuevo modelo de pensamiento
	Curvatura espinal (Escoliosis) Véase: Hombros redondos, Desalineamiento espinal, Sección especial, pág. 95.	Ineptitud para fluir con el sustento de la Vida. Miedo y tratar de aferrarse a viejas ideas. No confiar en la vida. Falta de integridad. No hay valor de convicción.	*Me libero de todos los temores. Ahora confío en el proceso de vida. Sé que la vida es para mí. Me sostengo firme y alto con amor.*
	Debilidad	Necesidad de descanso mental.	*Concedo a mi mente una vacación gozosa.*
37	**Dedos**	Representan los detalles de la vida	*Estoy en paz con los detalles de la vida.*
	—Anular	Representa uniones y pena.	*Amo en paz.*
	—Cordial	Representa ira y sexualidad	*Estoy a gusto con mi sexualidad.*
	—Índice	Representa ego y temor.	*Estoy a salvo.*
	—Meñique	Representa a la familia y lo que se pretende	*Soy yo mismo con la familia de la Vida.*

—Pulgar	Representa intelecto y preocupación	*Mi mente está en paz.*
Dedos artríticos	Deseo de castigo. Culpa. Te sientes victimado.	*Veo con amor y comprensión. Mantengo todas mis experiencias a la luz del amor.*
Dedos de los pies	Representan los detalles menores del futuro.	*Todos los detalles cuidan de sí mismos.*
Demencia Véase: Mal de Alzheimer, Senilidad	Te rehusas a tratar con el mundo como es. Desesperanza e ira.	*Estoy en mi lugar perfecto y a salvo en todo momento.*
Depresión	Ira que crees que no tienes derecho a sentir. Desesperanza.	*Ahora voy más allá de los temores y limitaciones de otra gente. Creo mi vida.*
Desmayo (Ataque vasovagal)	Temor. Incapacidad de enfrentar. Oscurecimiento.	*Poseo el poder, la fuerza y el conocimiento para manejar todo en mi vida.*
Diabetes (Hiperglicemia, Mellitus)	Anhelar lo que pudo haber sido. Gran necesidad de control. Honda pena. No queda dulzura.	*Este momento está lleno de gozo. Elijo experimentar la dulzura de hoy.*

38

Diarrea	Temor. Rechazo. Huida.	*Mi absorción, asimilación y eliminación están en perfecto orden. Estoy en paz con la vida.*
Diente picado o roto	No concederse espacio mental para crear un cimiento firme.	*Abro mi conciencia a la expansión de la vida. Hay abundante espacio para que yo crezca y cambie.*
Dientes	Representan decisiones	
—Problemas Véase: Canal de raíz.	Indecisión añeja. Ineptitud para desglosar ideas para análisis y decisiones.	*Tomo mis decisiones con base en los principios de verdad. Descanso seguro, sabiendo que en mi vida sólo tiene lugar la acción correcta.*
Disco movido	Sentir totalmente la ausencia del apoyo de la vida. Indeciso.	*La vida apoya todos mis pensamientos; por lo tanto, me amo y me apruebo a mí mismo.*
Disentería	Miedo e ira intensa.	*Creo paz en mi mente y esto se refleja en mi cuerpo.*

—Amébica	Crees que están allí para atraparte.	*Soy el poder y la autoridad en mi mundo. Estoy en paz.*
—Bacilar	Opresión y desesperanza.	*Estoy lleno de vida y energía y con el gozo de vivir.*
Dismenorrea *Véase:* Femeninos, problemas; Menstruales, problemas	Ira con el yo. Odio al cuerpo o a las mujeres.	*Amo mi cuerpo. Me amo a mí misma. Amo todos mis ciclos. Todo está bien.*
Distrofia muscular	"No vale la pena crecer."	*Voy más allá de las limitaciones de mis padres. Soy libre para ser el mejor yo mismo posible.*
Diviesos (Furúnculos) *Véase:* Carbunclos	Ira. Hervir. Agitación.	*Expreso amor y gozo y estoy en paz.*
Dolor	Culpa. La culpa siempre busca castigo.	*Con amor me libero del pasado. Ellos son libres y yo también. Todo está bien en mi corazón ahora.*

40

Dolores	Anhelo de amor. Deseo de ser abrazado.	*Me amo y me apruebo. Soy amoroso y amable.*
Eczema	Antagonismo que roba el aliento. Erupciones mentales.	*Armonía y paz; el amor y el gozo me rodean y me habitan. Estoy a salvo y seguro.*
Edema Véase: Retención de líquidos, Hinchazón	¿Qué o quién no te deja ir?	*Voluntariamente me deshago del pasado. Es seguro para mí dejar que se vaya. Ahora soy libre.*
Encefalomielitis miálgica Véase: Virus Epstein-Barr		
Encía, problemas de	Ineptitud para respaldar decisiones. Indolencia ante la vida.	*Soy una persona decidida. Persevero y me apoyo con amor.*
Encías sangrantes	Falta de gozo en la decisión tomada en la vida.	*Confío en que las acciones correctas siempre tienen lugar en mi vida. Estoy en paz.*

41

Endometriosis	Inseguridad, desengaño y frustración. Reemplazo del amor a sí mismo con azúcar. Culpadores.	*Soy tan poderosa como deseable. Es maravilloso ser mujer. Me amo y me siento plena.*
Enfermedades crónicas	Te niegas a cambiar. Temor al futuro. No sentirse a salvo.	*Estoy dispuesto a cambiar y crecer. Creo ahora un futuro nuevo y seguro.*
Enfermedades infantiles.	Creencia en calendarios y conceptos sociales y falsas normas. Conducta infantil en los adultos que rodean a los niños.	*Este niño está protegido por la Divinidad y rodeado por el amor. Reclamamos inmunidad mental.*
Enfermedades psiquiátricas Véase: Insanía		
Enfermedad venérea Véase: SIDA, Gonorrea, Herpes, Sífilis	Culpa sexual. Necesidad de castigo. Creencia que los genitales son pecaminosos y sucios. Abuso de otro.	*Con amor y gozo acepto mi sexualidad y su expresión. Únicamente acepto pensamientos que me apoyan y me hacen sentirme bien.*

42

Enfisema	Temor de aceptar la vida. No vale la pena vivir.	*Es mi derecho de nacimiento vivir plena y libremente. Amo a la vida. Me amo a mí mismo.*
Enuresis Véase: Mojar la cama		
Envejecimiento, problemas de	Creencias sociales. Pensar en la vejez. Temor de ser uno mismo. Rechazo del ahora.	*Me amo y me acepto a mí mismo en cualquier edad. Cada momento de la vida es perfecto.*
Envenenamiento por alimentos	Permitir que otros tomen el control. Sentirse indefenso.	*Poseo la fuerza, poder y destreza para digerir cualquier cosa que se ponga en mi camino.*
Epilepsia	Sentido de persecución. Rechazo a la vida. Sentimiento de gran lucha. Autoviolencia.	*Prefiero ver la vida como eterna y placentera. Soy eterno y placentero, y estoy en paz.*
Eructar	Temor. Atragantarse con la vida apresuradamente.	*Hay tiempo y espacio para todo lo que tengo que hacer. Estoy en paz.*

43

Escalofríos	Contracción mental, que tira para alejar y aproximar. Deseo de retractarse. "Déjenme solo."	Estoy a salvo y seguro en todo momento. El amor me rodea y me protege. Todo está bien.
Esclerodermia	Proteger el yo contra la vida. No confiar en estar allí y hacerse cargo de sí mismo.	Me relajo por completo, pues ahora sé que estoy a salvo. Confío en la Vida y en mí mismo.
Esclerosis amiotrópica lateral (Síndrome de Lou Gehrig)	Falta de disposición para aceptar tu valía. Negación del éxito.	Sé que valgo. Me es seguro tener éxito. La vida me ama.
Esclerosis múltiple	Inflexibilidad mental, corazón duro, voluntad férrea, inflexibilidad. Temor.	Al preferir pensamientos amorosos y de gozo, creo un mundo feliz y de amor. Estoy a salvo y libre.
Escoliosis Véase: Hombros redondos, Curvatura espinal.		
Espalda	Representa el sostén de la vida.	Se que la Vida siempre me apoya.

44

Espalda, problemas en la
  Véase:
  Desalineamiento
  espinal: Sección
  especial, pág. 95

—Inferior	Miedo al dinero. Falta de apoyo económico.	*Confío en el proceso de la vida. Todo lo que necesito siempre está atendido. Estoy a salvo.*
—Media	Culpa. Aferrado a todo lo que tengo atrás. "Quítate de mi espalda."	*Me libero del pasado. Estoy libre para seguir adelante con amor en el corazón.*
—Superior	Falta de apoyo emocional. Te sientes poco amado. Conservas el amor pasado.	*Me amo y me apoyo a mí mismo. La vida me apoya y me ama.*
Espasmos	Apretar nuestros pensamientos mediante el temor.	*Me libero, relajo y dejo pasar las cosas. Estoy a salvo en la vida.*

Espina
Véase:
Desalineamiento espinal, Sección especial, pág. 95

Soporte flexible de vida.

La vida es mi apoyo

Esqueleto
Véase: Huesos

Derrumbamiento de la estructura. Los huesos representan la estructura de tu vida.

Soy fuerte y sano. Estoy bien estructurado.

Esquimosis
Véase: Magulladuras

Esterilidad

Temor y resistencia al proceso de la vida. O no tener la necesidad de experimentar la paternidad o maternidad.

Confío en el proceso de vida. Estoy siempre en el lugar correcto, haciendo lo que es correcto, en el momento correcto. Me amo y me apruebo a mí mismo.

Estómago

Retener el nutrimento. Digerir ideas.

Digiero la vida con facilidad.

46

Estómago, problemas del
Véase: Gastritis,
Acedía, Úlcera péptica,
Úlceras

Pavor. Miedo a lo nuevo. Ineptitud para asimilar lo novedoso.

La vida está de acuerdo conmigo. Asimilo lo nuevo en todo momento de cada día. Todo está bien.

Estreñimiento

Te rehusas a desechar viejas ideas y te aferras al pasado. Ocasional tacañería.

Cuando me deshago del pasado, entra lo nuevo, lo fresco, lo vital. Permito que la vida fluya en mí.

Exotropía
Véase: Ojos, problemas en los

Fatiga

Resistencia, aburrimiento. Falta de amor por lo que uno hace.

Soy un entusiasta de la vida y me siento lleno de energía e impulso.

Femeninos, problemas
Véase: Amenorrea,
Dismenorrea, Tumores
fibroides, Leucorrea,
Menstruales,
problemas, Vaginitis

Negación de sí mismo. Rechazo de la femineidad y del principio femenino.

Me regocijo en mi femineidad. Me encanta ser mujer. Amo mi cuerpo.

47

Fibrosis cística	Fuerte creencia que la vida no funcionará para ti. "Pobre de mí."	*La vida me ama y yo amo a la vida. Elijo ahora aceptar la vida plena y libremente.*
Fiebre	Ira. Arder.	*Soy la fría y calma expresión de paz y amor.*
Fiebre de heno *Véase:* Alergias	Congestión emocional. Temor al calendario. Creencia en persecución. Culpa.	*Soy uno con TODA LA VIDA. Estoy a salvo en todo momento.*
Fiebre glandular *Véase:* Mononucleosis		
Fístula	Miedo. Bloqueo en el proceso de dejar ir.	*Estoy a salvo. Confío plenamente en el proceso de vida. La vida es para mí*
Flatulencia *Véase:* Gases, dolores por		
Flebitis	Ira y frustración. Culpar a otros por la limitación y falta de gozo en la vida.	*El gozo ahora fluye libremente dentro de mí y estoy en paz con la vida.*

48

Fracturas *Véase:* Huesos, problemas en los		
Frigidez	Temor. Negación al placer. Creencia que el sexo es malo. Compañeros insensibles. Temor al padre.	*Es seguro para mí el gozar de mi cuerpo. Me regocija ser mujer.*
Furúnculo *Véase:* Diviesos		
Gangrena	Morbidez mental. Ahogamiento del gozo con pensamientos venenosos.	*Ahora prefiero pensamientos armónicos y dejo que el gozo fluya libremente a través de mí*
Garganta	Avenida de expresión. Canal de creatividad.	*Abro mi corazón y canto los gozos del amor.*
—Problemas *Véase:* Garganta, dolor de	Ineptitud para hablar por uno mismo. Ira inflamada. Creatividad paralizada. Rechazo al cambio.	*Está bien hacer ruido. Me expreso libre y gozosamente. Hablo por mí con facilidad. Expreso mi creatividad. Estoy dispuesto a cambiar.*

49

Garganta, inflamación de Véase: Angina, Garganta, Tonsilitis	Sostenerse con palabras de enojo. Sentirse incapaz de expresar el yo.	Me libero de todas las restricciones y estoy libre para ser yo mismo.
Gases, dolores de (Flatulencia)	Miedo, sentirse atenazado. Ideas no digeridas.	Me relajo y dejo que la vida fluya a través de mí con facilidad.
Gastritis Véase: Estómago, problemas en el	Incertidumbre prolongada. Sentimiento de condenación.	Me amo y me apruebo. Estoy a salvo.
Genitales	Representan los principios masculinos y femeninos	Es seguro ser lo que soy.
—Problemas	Preocupación por no ser lo suficientemente bueno.	Me regocijo en mi propia expresión de vida. Estoy perfecto tal como soy. Me amo y me apruebo.
Glándula(s)	Representa estaciones de sostenimiento. Actividad de autoinicio.	Soy el poder creativo en mi mundo.

Glándula pituitaria	Representa el centro de control.	*Mi mente y mi cuerpo se hallan en equilibrio perfecto. Controlo mis pensamientos.*
Glandulares, problemas	Mala distribución de ideas de incorporarse para irse. Te retienes atrás a ti mismo.	*Poseo todas las ideas Divinas y actividad que necesito. Avanzo precisamente ahora.*
Globus histericus *Véase:* Garganta, inflamación en la		
Gonorrea *Véase:* Enfermedad venérea	Necesidad de castigo por ser una mala persona.	*Amo mi cuerpo. Amo mi sexualidad. Me amo.*
Gordura *Véase:* Sobrepeso	Sensible en exceso. A menudo representa temor y necesidad de protección. El temor puede encubrir ira oculta y renuencia para perdonar.	*Estoy protegido por el Amor Divino. Siempre estoy a salvo y seguro. Estoy dispuesto a crecer y ser responsable de mi vida. Perdono a los demás y ahora creo mi propia vida en la forma que quiero. Estoy a salvo.*

51

—Brazos	Ira porque se me niega amor.	*Es seguro para mí crear todo el amor que quiero.*
—Caderas	Acumulación de terca ira contra los padres.	*Estoy dispuesto a perdonar el pasado. Es seguro ir más allá de las limitaciones de mis padres.*
—Muslos	Ira acumulada desde la infancia. A menudo rabia contra el padre.	*Veo a mi padre como un niño desprovisto de amor y perdono fácilmente. Ambos somos libres.*
—Vientre	Miedo a que se te niegue nutrimento.	*Me nutro con alimento espiritual y me siento satisfecho y libre.*
Gota	Necesidad de dominar. Impaciencia, ira.	*Estoy a salvo y seguro. Estoy en paz conmigo y con los demás.*
Goteo posnasal	Llanto interior. Lágrimas infantiles. Victima.	*Reconozco y acepto que soy el poder creativo en mi mundo. Elijo ahora disfrutar de la vida.*

52

Gripe
Véase: Influenza

Halitosis
Véase: Mal aliento

Hematocelia
Véase: Sangrado
anorrectal

Hemorroides
Véase: Ano

Actitudes podridas, chismorreo vil, pensamientos engañosos.

Temor a los límites. Ira hacia el pasado.
Temor a dejar ir. Sentirse agobiado.

*Hablo con gentileza y amor. Exhalo única-
mente el bien.*

*Libero todo lo que no es amor. Hay tiempo
y espacio para todo lo que quiero hacer.*

Hepatitis
Véase: Hígado,
problemas de

Resistencia al cambio. Temor, ira, odio.
El hígado es el asiento de la ira y la rabia.

*Mi mente se ha limpiado y está libre. Aban-
dono el pasado y penetro en lo nuevo. Todo
está bien.*

Heridas
Véase: Cortadas,
Lesiones

Ira y culpa consigo mismo.

Me perdono y elijo amarme.

53

Hernia	Ruptura de relaciones. Presión, cargas, expresión creativa incorrecta.	*Mi mente es gentil y armónica. Me amo y me apruebo. Soy libre para ser yo.*
Herpes (Herpes genitalis) Véase: Enfermedad venérea	Creencia masiva en la culpa sexual y la necesidad de castigo. Vergüenza pública. Creencia en un Dios castigador. Rechazo a los genitales.	*Mi concepto de Dios me sostiene. Soy normal y natural. Me regocijo en mi propia sexualidad y en mi propio cuerpo. Soy maravilloso.*
Herpes labial, Aftas, (Ampollas de fiebre) Véase: Herpes símplex	Palabras de ira reprimida y temor de expresarlas.	*Sólo creo experiencias de paz, porque me amo. Todo está bien.*
Herpes símplex (Herpes labialis) Véase: Herpes labial	Quemadas, ardor hasta quejarse. Palabras amargas no pronunciadas.	*Pienso y expreso sólo palabras de amor. Estoy en paz con la vida.*
Hígado	Asiento de la ira y las emociones primitivas.	*Amor, paz y gozo son todo lo que conozco.*
Hígado, problemas en el Véase: Hepatitis, Ictericia	Quejas crónicas. Justificar la búsqueda de culpa para engañarse. Sentirse mal.	*Elijo vivir en el espacio abierto de mi corazón. Busco amor y lo encuentro en todas partes.*

Hinchazón
Véase: Edema,
Retención de líquidos

Estar aferrado al pensamiento. Ideas pe-nosas y obtusas.

Mis pensamientos fluyen libremente y con facilidad. Me deslizo a través de las ideas con facilidad.

Hiperactividad

Miedo. Sentirse presionado y frenético.

Estoy a salvo. Toda la presión se disuelve. SOY lo bastante bueno.

Hiperglicemia
Véase: Diabetes

Hiperopía
Véase: Ojos, problemas de

Hipertensión
Véase: Presión sanguínea

Hipertiroidismo
Véase: Tiroides

Furor por quedar descartado.

Soy el centro de la vida y me apruebo y apruebo todo lo que veo.

Hiperventilación *Véase:* Ataques de asfixia; Respiración, problemas de	Temor. Resistencia al cambio. No confiar en el proceso.	*Estoy seguro en cualquier parte del Universo. Me amo y confío en el proceso de la vida.*
Hipoglicemia	Abrumado por las cargas de la vida. "Ya qué importa?"	*Ahora elijo hacer mi vida ligera, fácil y gozosa.*
Hipotiroidismo *Véase:* Tiroides	Darse por vencido. Sentirse desesperadamente rígido.	*Creo una vida nueva con reglas nuevas que me apoyan totalmente.*
Hirsutismo	Miedo que se encubre. El cobertor que se usa por lo regular es miedo. Deseo de culpar. A menudo se carece de disposición para nutrir el yo.	*Soy un padre amoroso para mí mismo. Estoy cubierto con amor y aprobación. Es seguro para mí demostrar quién soy.*
Hombros *Véase:* Articulaciones, Hombros redondos.	Representa nuestra aptitud para llevar gozosamente nuestras experiencias en la vida. Hacemos de la vida una carga con nuestra actitud.	*Elijo permitir que todas mis experiencias sean placenteras y amorosas.*

Hombros redondos *Véase:* Hombros, Curvatura espinal	Llevar las cargas de la vida. Impotencia y desesperanza.	*Me mantengo alto y libre. Me amo y me apruebo. Cada día mi vida mejora.*
Hongos	Creencias de estancamiento. Te rehusas a deshacerte del pasado. Permitir que el pasado domine hoy.	*Vivo en el momento presente, gozoso y feliz.*
Hueso púbico	Representa protección genital.	*Mi sexualidad está a salvo.*
Hueso(s) *Véase:* Esqueleto	Representan la estructura del Universo	*Estoy bien estructurado y equilibrado.*
Ictericia *Véase:* Hígado, problemas del	Prejuicios internos y externos. Razón desequilibrada.	*Siento tolerancia, compasión y amor por toda la gente, yo inclusive.*
Ileitis (Mal de Crohn, Enteritis regional)	Miedo. Preocupación. No sentirse bastante bueno.	*Me amo y me apruebo. Estoy haciendo lo mejor que puedo. Soy maravilloso. Estoy en paz.*

Impotencia	Presión sexual, tensión, culpa. Creencias sociales. Escupo contra un antiguo compañero. Temor a la madre.	*Ahora permito que todo el poder de mi principio sexual opere con facilidad y gozo.*
Incontinencia	Sobreflujo emocional. Años de controlar las emociones.	*Estoy dispuesto a sentir. Es seguro para mí expresar mis emociones. Me amo.*
Incurable	No puedo ser curado por medios externos en este punto. Debemos ir hacia dentro para afectar la cura. Vino de ninguna parte y hacia allí retornará.	*Todos los días ocurren milagros. Me dirijo a mi interior para disolver el patrón que creó esto y ahora acepto una curación Divina. ¡Y eso es todo!*
Indigestión	Temor a nivel de intestinos, miedo, ansiedad. Congoja y gruñido.	*Digiero y asimilo todas las experiencias nuevas, en paz y gozosamente.*
Infarto al miocardio Véase: Corazón, ataque al		
Infección Véase: Infección viral	Irritación, ira, molestia.	*Elijo estar en paz y armonía.*

58

Infecciones con supuración Véase: Cándida, Afta	Negar sus propias necesidades. No soportarse.	*Ahora elijo como apoyo formas amorosas y de gozo.*
Infección viral Véase: Infección	Falta de gozo que fluya en la vida. Amargura.	*Con amor permito que el gozo fluya libremente en mi vida. Me amo.*
Infecciones urinarias (Cistitis, Pielonefritis)	Se siente orinado. Por lo regular contra el sexo opuesto o el amante. Culpa a otros.	*Me libero del patrón en mi conciencia que creó esta condición. Estoy dispuesto a cambiar. Me amo y me apruebo a mí mismo.*
Inflamación Véase: "Itis"	Temor. Ver rojo. Pensamiento inflamado.	*Mi pensamiento es pacífico, calmado y centrado.*
Inflamación en la garganta (Globus hystericus)	Temor. No confiar en el proceso de vida.	*Estoy a salvo. Confío que la vida está aquí para mí. Me expreso libre y gozosamente.*
Inflamaciones	Sentirse embargado por ira no expresada.	*Expreso mis emociones en formas gozosas y positivas.*

Influenza Véase: Respiratorios, males	Respuesta a negatividad masiva y creencias. Temor. Creencia en estadísticas.	*Estoy más allá de las creencias de grupo o del calendario. Estoy libre de toda congestión e influencia.*
Insanía (Enfermedades psiquiátricas)	Huir de la familia. Escapismo, retirada. Separación violenta de la vida.	*Esta mente conoce su verdadera identidad y es un punto creativo de la Expresión Divina del Yo.*
Insomnio	Miedo. No confiar en el proceso de vida. Culpa.	*Con amor me libero del día y caigo en un sueño pacífico, sabiendo que el mañana se hará cargo de sí mismo.*
Intestinos	Representan la liberación de desperdicios.	*El dejarse ir es fácil.*
—Problemas	Miedo a dejar ir el pasado y lo que ya no se necesita.	*Libre y fácilmente me deshago de lo viejo y con gozo doy la bienvenida a lo nuevo.*
Intestinos Véase: Colon	Asimilación. Absorción. Eliminación con facilidad.	*Con facilidad asimilo y absorbo todo lo que necesito saber y me libero del pasado con gozo.*

60

"Itis" Véase: Inflamación.	Ira y frustración sobre las condiciones que se buscan en la vida.	*Estoy dispuesto a modificar todos los patrones de crítica. Me amo y me apruebo.*
Jaquecas Véase: Migraña	Invalidar el yo. Autocrítica. Miedo.	*Me amo y me apruebo. Me veo a mí mismo y lo que hago con ojos de amor. Estoy a salvo.*
Juanetes	Falta de placer al enfrentarse con las experiencias de la vida.	*Gozosamente corro adelante para acoger las maravillosas experiencias de la vida.*
Lado derecho del cuerpo	Dar, dejar ir, energía masculina, hombre, padre.	*Equilibro mi energía masculina fácilmente y sin esfuerzo.*
Lado izquierdo del cuerpo	Representa receptividad, aceptar, energía femenina, mujer, la madre.	*Mi energía femenina está bellamente balanceada.*
Laringitis	Tan furioso que no puede hablar. Miedo de hacerlo. Resentimiento contra la autoridad.	*Soy libre para pedir lo que quiero. Es seguro el poder expresarme. Estoy en paz.*

Lengua	Representa la aptitud de saborear los placeres de la vida con gozo.	*Me regocijo en todos los dones abundantes de mi vida.*
Lepra	Ineptitud absoluta para manejar la vida. Creencia añeja de no ser lo bastante bueno o lo bastante limpio.	*Me elevo por sobre todas las limitaciones. La Divinidad me inspira y me guía. El amor cura a toda vida.*
Lesiones Véase: Cortadas, Heridas	Ira contra sí mismo. Sentimiento de culpa.	*Ahora libero la ira en formas positivas. Me amo y me aprecio.*
Leucemia Véase: Sangre, problemas en la	Brutalmente inspirado por la destrucción. ¿Qué importa?	*Me desplazo más allá de las limitaciones del pasado y penetro en la libertad del ahora. Es seguro ser yo.*
Leucorrea Véase: Femeninos, problemas; Vaginitis	Creencia que la mujer es impotente contra el sexo opuesto. Ira contra el compañero.	*Creo todas mis experiencias. Soy el poder. Me regocijo en mi femineidad. Soy libre.*
Linfa, problemas de	Advertencia que la mente necesita volver a centrarse en lo esencial de la vida. Amor y Gozo.	*Estoy ahora totalmente centrado en el amor y gozo de estar vivo. Fluyo con la vida. La paz mental me pertenece.*

Lupus (Eritematoso)	Ceder. Mejor morir que sostenerse uno mismo. Ira y castigo.	*Hablo por mí mismo libre y fácilmente. Reclamo mi propio poder. Me amo y me apruebo. Estoy libre y a salvo.*
Luxaciones	Ira y resistencia. No querer avanzar en cierta dirección en la vida.	*Confío en el proceso de vida que me lleva a mi bien más elevado. Estoy en paz.*
Llanto	Las lágrimas son el río de la vida y se derraman tanto en el placer como en la tristeza y el miedo.	*Estoy en paz con todas mis emociones. Me amo y me apruebo.*
Magulladuras (Esquimosis)	Las pequeñas hinchazones en la vida. Autocastigo.	*Me amo y me mimo. Soy amable y gentil conmigo mismo. Todo está bien.*
Mal aliento Véase: Halitosis	Pensamientos de ira y venganza. Experiencias de respaldo.	*Me libero del pasado con amor. Prefiero que sólo hable el amor.*
Malaria	Fuera de equilibrio con la naturaleza y la vida.	*Estoy unido y en equilibrio con toda la vida. Estoy a salvo.*

Mal de Alzheimer
Véase: Demencia, Senilidad

Te rehúsas a tratar con el mundo tal como es. Desesperanza e impotencia. Ira.

Siempre hay una forma nueva y mejor para que yo experimente la vida. Perdono y libero el pasado. Paso al gozo.

Mal de auto
Véase: Mal de movimiento

Temor, cautiverio. Sentirse atrapado.

Me muevo con facilidad a través del tiempo y el espacio. Sólo el amor me rodea.

Mal de Bright
Véase: Nefritis

Sentirse como un niño que no puede hacer bien las cosas y no es bastante bueno. Un fracaso, una pérdida.

Me amo y me apruebo a mí mismo. Me cuido. Soy totalmente adecuado en todo momento.

Mal de Huntington

Resentimiento por no ser capaz de cambiar a otros. Desesperanza.

Dejo todo el control al Universo. Estoy en paz conmigo mismo y con la vida.

Mal de Lou Gehrig
Véase: Esclerosis amiotrópica lateral

Mal de movimiento
Véase: Mal de auto, Mareo

Temor. Miedo de no tener control.

Siempre tengo el control de mis pensamientos. Estoy a salvo. Me amo y me apruebo a mí mismo.

64

Mal de Paget	Sentir que ya no hay cimientos donde construir. "A nadie le preocupa."	*Sé que estoy respaldado por la Vida en formas grandiosas y gloriosas. La Vida me ama y me cuida.*
Mal de Parkinson *Véase:* Perlesía	Miedo e intenso deseo de controlar todo y a todos.	*Me relajo sabiendo que estoy a salvo. La vida es para mí y confío en su proceso.*
Mal de Pfeiffer *Véase:* Mononucleosis		
Mal olor corporal	Temor. Desagrado de sí mismo. Temor a otros.	*Me amo y me apruebo. Estoy a salvo.*
Mandíbula, problemas en la (Articulación temporomandibular, Síndrome de ATM)	Ira. Resentimiento. Deseo de venganza.	*Estoy dispuesto a modificar los patrones que crearon en mí esa condición. Me amo y me apruebo. Estoy a salvo.*
Manos	Sostener y manejar. Agarre y engrane. Asir y dejar ir. Acariciar. Angustia. Todas las formas de manejar experiencias.	*Elijo manejar todas mis experiencias con amor y gozo, con suavidad.*

65

Mareo
Véase: Mal de movimiento

Miedo. Temor a la muerte. Falta de control.

Estoy totalmente a salvo en el Universo. Estoy en paz dondequiera. Confío en la Vida.

Mastitis
Véase: Seno, problemas en el

Mastoiditis

Ira y frustración. Deseo de no oír lo que pasa. Por lo regular se presenta en los niños. Miedo a infectar el entendimiento.

La paz Divina y la armonía me rodean y me albergan. Soy un oasis de paz, amor y gozo. Todo está bien en mi mundo.

Médula ósea

Representa las más hondas creencias sobre el yo. Cómo te soportas y cuidas de ti mismo.

El Espíritu Divino es la estructura de mi vida. Estoy a salvo, soy amado y totalmente apoyado.

Mellitus
Véase: Diabetes

Meningitis espinal

Forma de pensar inflamada e ira hacia la vida.

Me libero de toda culpa y acepto la paz y el gozo de la vida.

Menopausia, problemas de	Temor a no ser ya deseada. Miedo a la edad. Autorrechazo. No sentirse lo bastante buena.	*Estoy equilibrada y en paz en todos los cambios de ciclos y bendigo mi cuerpo con amor.*
Menstruales, problemas Véase: Amenorrea, Dismenorrea, Femeninos, problemas	Rechazo a nuestra femineidad. Culpa, temor. Creencia que los genitales son pecaminosos o algo sucio.	*Acepto mi pleno poder como mujer y acepto todos mis procesos corporales como algo normal y natural. Me amo y me apruebo a mí misma.*
Migrañas Véase: Jaquecas	Desagrado por ser conducida. Resistencia al flujo de la vida. Temores sexuales. (Por lo regular hay alivio con la masturbación.)	*Me relajo en el flujo de vida y dejo que ésta me provea de todo lo que necesito, con comodidad y fácilmente. La vida es para mí*
Miopía Véase: Ojos, problemas en los	Temor al futuro. No confiar en lo que está adelante.	*Confío en el proceso de vida. Estoy a salvo.*
Mojar la cama (Enuresis)	Temor a los padres, por lo regular al padre.	*Este niño se ve con amor, compasión y comprensión. Todo está bien.*

Mono., Mononucleosis (Enfermedad de Pfeiffer, fiebre glandular)	Ira por no recibir amor y aprecio. No preocuparse más por el yo.	*Me amo, me aprecio y me cuido. Me basto a mí mismo.*
Mordidas	Temor. Receptivo a todo desdén.	*Me perdono y me amo ahora y para siempre.*
—Animal	La ira se tornó interior. Necesidad de castigo.	*Estoy libre.*
—Bicho	Culpa por cosas sin importancia.	*Me siento libre de toda irritación. Todo está bien.*
Muerte	Representa la salida de escena de la película de la vida.	*Gozosamente accedo a nuevos niveles de experiencia. Todo está bien.*
Muñeca	Representa movimiento y facilidad.	*Manejo todas mis experiencias con sabiduría, amor y con facilidad.*

Músculos	Resistencia a nuevas experiencias. Los músculos representan nuestra habilidad para movernos en la vida.	*Experimento la vida como una danza gozosa.*
Nalgas	Representan poder. La falta, pérdida de poder.	*Uso mi poder sabiamente. Soy fuerte. Estoy a salvo. Todo está bien.*
Narcolepsia	No puedo luchar. Temor extremo. Querer escapar de todo. No desear estar aquí.	*Descanso en la sabiduría divina y su guía, para que me protejan en todo momento. Estoy a salvo.*
Nariz	Representa reconocimiento de sí mismo.	*Reconozco mi propia habilidad intuitiva.*
—Congestión nasal	No reconocer la valía del yo.	*Me amo y me aprecio a mí mismo.*
—Goteo	Pedir ayuda. Llanto interno.	*Me amo y me conforto en formas que me son placenteras.*
—Sangrado	Necesidad de reconocimiento. Sentirse no reconocido e ignorado. Reclamo de amor.	*Me amo y me apruebo a mí mismo. Reconozco mi propia valía verdadera. Soy maravilloso.*

69

Náusea	Miedo. Rechazo a una idea o experiencia.	*Estoy a salvo. Confío en que el proceso de vida me traiga únicamente bienes.*
Nefritis Véase: Mal de Bright	Sobrerreacción a la desilusión y el fracaso.	*Únicamente la acción correcta tiene lugar en mi vida. Me libero de lo viejo y doy la bienvenida a lo nuevo. Todo está bien.*
Nervios	Representan comunicación. Reporteros receptivos.	*Me comunico con facilidad y con gozo.*
Nerviosidad	Temor, ansiedad, lucha, prisa. No confiar en el proceso de la vida.	*Me encuentro en un interminable viaje por la eternidad y hay suficiente tiempo. Me comunico con mi corazón. Todo está bien.*
Neumonía Véase: Pulmón, problemas en el	Desesperado. Cansado de la vida. No se deja que curen las heridas emocionales.	*Acepto libremente las ideas Divinas que están llenas con el aliento y la inteligencia de la Vida. Este es un nuevo momento.*
Neuralgia	Castigo por una culpa. Angustia por la comunicación.	*Me perdono. Me amo y me apruebo a mí mismo. Me comunico con amor.*

70

Nódulos	Resentimiento y frustración, ego herido sobre la marcha.	*Libero el patrón de demora dentro de mí y ahora permito que el éxito sea mío.*
Oído(s)	Representan la capacidad de oír.	*Oigo con amor.*
Oídos, dolor de (Otitis: del oído externo/del canal del oído medio/del oído interno)	Ira. No querer oír. Demasiada turbulencia. Padres que discuten.	*La armonía me rodea. Escucho con amor lo placentero y lo bueno. Soy un centro de amor.*
Ojo(s)	Representan la capacidad de ver con claridad: pasado, presente y futuro.	*Veo con amor y gozo.*
Ojos, problemas en los Véase: Orzuelo	Disgusto por lo que ves en tu propia vida.	*Ahora creo una vida a la que me encanta mirar.*
—Astigmatismo	Problemas con el "yo". Temor a ver realmente el yo.	*Ahora estoy dispuesto a ver mi propia belleza y magnificencia.*

71

—Bizquera Véase: Queratitis	No querer ver lo que está allí. Propósitos cruzados.	*Para mí, ver es algo seguro. Estoy en paz.*
—Cataratas	Ineptitud para ver hacia adelante con gozo. Futuro oscuro.	*La vida es eterna y está llena de gozo.*
—Corto de vista Véase: Miopía	Temor al futuro.	*Acepto la guía Divina y siempre estoy seguro.*
72 —Estrabismo (Exotropía)	Temor de ver el presente, justo aquí.	*Me amo y me apruebo en este momento.*
—Glaucoma	Férrea renuencia a perdonar. Presión por añejas heridas. Vencido por todo.	*Veo con amor y ternura.*
—Niños	No querer ver lo que pasa en la familia.	*Armonía, gozo, belleza y seguridad rodean a este niño ahora.*
—Présbita (Hiperopía)	Temor al presente.	*Estoy seguro en el aquí y el ahora. Veo eso con claridad.*

Ojos irritados *Véase:* Conjuntivitis	Ira y frustración. No querer ver.	*Libero la necesidad de tener razón. Estoy en paz. Me amo y me apruebo a mí mismo.*
Ojos secos	Ojos de ira. Te rehusas a ver con amor. Antes morir que perdonar. Sientes resentimiento.	*Estoy dispuesto a perdonar. Respiro vida en mi visión y veo con compasión y entendimiento.*
Orzuelo *Véase:* Ojos, problemas en los	Ver la vida con ojos de ira. Enojo contra alguien.	*Elijo ver a todo el mundo y a todo con gozo y amor*
Óseos, problemas		
—Roturas/Fracturas	Rebeldía contra la autoridad.	*En mi mundo yo soy mi propia autoridad, pues soy el único que piensa en mi mente.*
—Deformidad *Véase:* Osteomielitis, Osteoporosis	Presiones mentales y tirantez. No pueden estirarse los músculos. Pérdida de movilidad mental.	*Aspiro la vida plenamente. Me relajo y confío en el flujo y el proceso de la vida.*

Osteomielitis Véase: Óseos, problemas	Ira y frustración ante la misma estructura de la vida. Sentimiento injustificado.	*Estoy en paz y confío en el proceso de la vida. Estoy a salvo y seguro.*
Osteoporosis Véase: Óseos, problemas	Sentimiento de que no queda apoyo en la vida.	*Respondo por mí mismo y la Vida me apoya en formas inesperadas de amor.*
Ovarios	Representan puntos de creación. Creatividad.	*Estoy equilibrada en mi flujo creativo.*
Páncreas	Representa la dulzura de la vida.	*Mi vida es dulce.*
Pancreatitis	Rechazo. Ira y frustración debido a que la vida parece haber perdido su dulzura.	*Me amo y me apruebo a mí mismo y yo sólo creo dulzura y gozo en mi vida.*
Parálisis Véase: Perlesía	Miedo. Terror. Escapar de una situación o persona. Resistencia.	*Soy uno con toda la vida. Soy totalmente adecuado para todas las situaciones.*
Parálisis cerebral Véase: Parálisis	Necesidad de unir a la familia en un acto de amor.	*Contribuyo a una vida familiar unida, amorosa y pacífica. Todo está bien.*

74

Parásitos	Ceder poder a otros, dejándoles asumir el mando.	Con amor recupero mi poder y elimino toda interferencia.
Parestesia Véase: Aturdimiento		
Parto	Representa la entrada de este tramo de la película de la vida.	Este bebé inicia ahora una nueva vida, placentera y maravillosa. Todo está bien.
—Defectos	Kármicos. Tú elegiste seguir esa senda. Nosotros escogemos a nuestros padres y nuestros hijos. Negocio inconcluso.	Toda experiencia es perfecta para nuestro proceso de crecimiento. Estoy en paz donde me encuentro.
Pequeño mal Véase: Epilepsia		
Periodontitis Véase: Piorrea		

Perlesía *Véase:* Perlesía de Bell, Mal de Parkinson	Pensamientos paralizantes. Quedarse pegado.	*Soy librepensador y tengo experiencias maravillosas con facilidad y gozo.*
Perlesía de Bell *Véase:* Perlesía, Parálisis	Control excesivo de la ira. Falta de disposición para expresar sentimientos.	*Tengo seguridad para expresar mis sentimientos. Me perdono.*
Pie de atleta	Frustración por no ser aceptado. Ineptitud para avanzar con facilidad.	*Me amo y me apruebo. Me permito seguir adelante. Hay seguridad en moverse.*
Pie, problemas en el	Temor al futuro y a no lograr ascender en la vida.	*Avanzo en la vida con gozo y facilidad.*
Piel	Protege nuestra individualidad. Órgano de sentido.	*Me siento seguro de ser yo.*
Piel, problemas en la *Véase:* Urticaria, Psoriasis, Sarna	Ansiedad, miedo. Mugre antigua y enterrada. Estoy siendo amenazado.	*Con amor me protejo con pensamientos de gozo y paz. El pasado está perdonado y olvidado. Estoy libre en este momento.*

Pielonefritis Véase: Infecciones urinarias		
Pierna(s)	Nos llevan adelante en la vida.	*La vida es para mí*
Pierna, problemas en la —Inferior	Temor al futuro. No querer moverse.	*Avanzo con confianza y gozo, sabiendo que todo está bien en mi futuro.*
Pies	Representan nuestra comprensión: de nosotros mismos, de la vida y de los otros.	*Mi comprensión es clara y estoy dispuesto a cambiar con los tiempos. Me encuentro a salvo.*
Piorrea (Periodontitis)	Ira ante la ineptitud de tomar decisiones. Gente débil, perezosa.	*Me apruebo y mis decisiones siempre son perfectas para mí*
Plexo solar	Reacciones viscerales. Centro de nuestro poder intuitivo.	*Confío en mi voz interior. Soy fuerte, sabio y poderoso.*
Polio	Celos paralizantes. Deseo de detener a alguien.	*Hay suficiente para todos. Creo mi bien y mi libertad con pensamientos de amor.*

77

Presión sanguínea

—Alta, Hipertensión	Problema emocional de duración prolongada que no se ha resuelto.	Con placer me libero del pasado. Estoy en paz.
—Baja	Falta de cariño cuando niño. Derrotismo. "¿Qué importa? De todos modos será inútil."	En este momento elijo vivir en el placentero AHORA. Mi vida es gozo.
Próstata	Representa el principio masculino.	Acepto y me regocijo en mi masculinidad.
Próstata, problemas en la	Temores mentales debilitan mi masculinidad. Rendirse. Presión sexual y culpa. Creencia en la vejez.	Me amo y me apruebo a mí mismo. Acepto mi propio poder. En el espíritu soy siempre joven.

Pruritis
Véase: Comezón

Pruritis ani
Véase: Ano

78

Psoriasis *Véase:* Piel, problemas en la	Temor a salir lastimado. Matar los sentidos del yo. Rehusarse a aceptar la responsabilidad por nuestros propios sentimientos.	*Estoy vivo para los gozos del vivir. Merezco y acepto lo mejor de la vida. Me amo y me apruebo a mí mismo.*
Pulmón	Aptitud para acoger la vida.	*Acojo la vida en equilibrio perfecto.*
—Problemas *Véase:* Neumonía	Depresión. Pena. Miedo de aceptar la vida. No sentir que valga la pena vivir la vida plenamente.	*Poseo la capacidad para aceptar la plenitud de la vida. Con amor vivo la vida al máximo.*
Quemaduras	Ira. Arder. Elogiarse.	*Creo sólo paz y armonía dentro de mí y en mi ambiente. Merezco sentirme bien.*
Queratitis *Véase:* Ojos, problemas en los	Ira extrema. Deseo de golpear a quienes ve.	*Concedo amor de mi propio corazón para sanar a todos los que veo. Elijo la paz. Todo está bien en mi mundo.*
Quiste(s)	Repasas la vieja película de dolor. Heridas por falta de atención. Falso crecimiento.	*Las películas que proyecto en mi mente son bellas, porque así prefiero hacerlas. Me amo.*

79

Rabia	Ira. Creencia de que la violencia es la respuesta.	*La paz me rodea y me habita.*
Raquitismo	Mala nutrición emocional. Falta de amor y seguridad.	*Estoy seguro y bien nutrido por el amor del Universo mismo.*
Rasguños	Sentir en ti las lagrimas de la vida, y que la vida es una desgarradura. Uno está siendo rasgado.	*Agradezco la generosidad de la vida hacia mí. Estoy bendito.*
Recto Véase: Ano		
Resfríos (Malestar respiratorio) Véase: Respiración, problemas de	Muchas cosas suceden a la vez. Confusión mental, desorden. Pequeñas heridas. "Pesco tres resfríos cada invierno" ejemplifica este tipo de creencia.	*Dejo que mi mente se relaje y está en paz. Claridad y armonía están dentro de mí y a mi alrededor. Todo está bien.*
Respiración, problemas de Véase: Asfixia, ataques de, Hiperventilación	Miedo o rechazo a aceptar la vida plenamente. No sentir el derecho de ocupar espacio y ni siquiera el de existir.	*Es mi derecho de nacimiento el vivir la vida plena y libremente. Merezco ser amado. Ahora elijo vivir la vida con plenitud.*

Respiratorios, males Véase: Bronquitis, Resfríos, Tos, Influenza	Temor a aceptar la vida plenamente.	*Estoy a salvo. Amo mi vida.*
Retención de líquidos Véase: Edema, Hinchazón	¿Qué tienes miedo de perder?	*Voluntariamente me libero con gozo.*
Reumatismo	Sentirse victimado. Falta de amor. Amargura crónica. Resentimiento.	*Creo mis propias experiencias. Como me amo y me apruebo a mí mismo y a los demás, mis experiencias son cada vez mejores.*
Rigidez	Pensamiento rígido, inflexible.	*Estoy lo bastante seguro para ser flexible en mi mente.*
Riñón, problemas en el	Crítica, desilusión, fracaso. Vergüenza. Reaccionar como un niño pequeño.	*La acción de derecho Divino siempre tiene lugar en mi vida. De cada experiencia sólo emana bien. Es seguro crecer.*
Rodilla Véase: Articulaciones	Representa orgullo y ego.	*Soy flexible y fluyo bien*

Rodilla, problemas en	Ego terco y orgullo. Ineptitud para ceder. Temor. Inflexibilidad. No quiere rendirse.	*Perdón. Comprensión. Compasión. Me doblo y fluyo con facilidad y todo está bien.*
Roncar	Te rehusas tercamente a deshacerte de antiguos patrones.	*Me libero de todo aquello que no sea amor y gozo en mi mente. Paso del pasado a lo nuevo, fresco y vital.*
Sangrado	Se acaba el gozo. Ira, pero ¿dónde?	*Soy el gozo de la Vida que se expresa y recibe con ritmo perfecto.*
Sangrado anorrectal (Hematoquecia)	Ira y frustración.	*Confío en el proceso de la vida. En mi vida sólo tienen lugar acciones buenas y correctas.*
Sangre	Representa gozo en el cuerpo, que fluye con libertad.	*Soy el gozo de la Vida que se expresa y recibe.*
Sanguíneos, problemas Véase: Leucemia	Falta de gozo. Falta de circulación de ideas.	*Nuevas ideas placenteras circulan libremente dentro de mí*

—Anémicos Véase: Anemia		
—Coagulación	Cerrar el flujo de gozo.	Despierto nueva vida dentro de mí. Fluyo.
Sarna	Pensamiento infectado. Permitir que otros se te metan bajo la piel.	Soy la expresión viviente, gozosa y amorosa de la vida. Soy mi propia persona.
Sarpullido Véase: Urticaria	Irritación ante las demoras. Forma infantil de llamar la atención.	Me amo y me apruebo a mí mismo. Estoy en paz con el proceso de la vida.
Senilidad Véase: Síndrome de Alzheimer	Retorno a la llamada seguridad de la infancia. Exigir cuidado y atención. Forma de controlar a los que nos rodean. Escapismo.	Protección Divina. Seguridad. Paz. La Inteligencia del Universo opera en todos los niveles de la vida.
Senos	Representan maternidad, nutrir y proveer alimento.	Tomo y doy alimento en un balance perfecto.

Senos, problemas de los —Quistes, Hinchazones, Sensibilidad excesiva (Mastitis)	Te rehusas a nutrir el yo. Pones a todos los demás en primer lugar. Sobrematernal. Sobreprotectora. Actitudes exageradas.	*Soy importante y cuento. Ahora me cuido y me nutro con amor y con gozo. Dejo a los otros en libertad para ser lo que son. Todos estamos a salvo y somos libres.*
Senos, problemas en los (Sinusitis)	Irritación por una persona, alguien cercano.	*Declaro que la paz y la armonía me habiten y me rodeen en todo momento. Todo está bien.*
84 **SIDA**	Sentirse indefenso y sin esperanzas. Nadie se preocupa por mí. Fuerte creencia de no ser lo bastante bueno. Negación del yo. Culpabilidad sexual.	*Soy parte del plan Universal. Soy importante y amado por la Vida misma. Soy poderoso y capaz. Amo y aprecio todo en mí*
Sífilis *Véase:* Enfermedad venérea	Ceder todo su poder y efectividad.	*Decido ser yo. Me apruebo a mí mismo como soy.*
Síndrome de Addison *Véase:* Adrenales, problemas	Desnutrición emocional severa. Ira contra sí mismo.	*Amorosamente cuido mi cuerpo, mi mente y mis emociones.*

Síndrome de Cushing *Véase:* Adrenales, problemas	Desequilibrio mental. Sobreproducción de ideas abrumadoras. Sentimiento de derrota.	*Con amor equilibro mi mente y mi cuerpo. Elijo ahora pensamientos que me hagan sentir bien.*
Síndrome de Hodgkin	Culpa y un tremendo miedo de no ser lo bastante bueno. Carrera frenética para probarse uno mismo, hasta que la sangre pierde toda la sustancia que la sustenta. Se ha olvidado el gozo de la vida en la carrera por la aceptación.	*Estoy perfectamente feliz de ser yo. Soy bastante bueno como soy. Me amo y me apruebo. Expreso y recibo gozo.*
Síndrome del túnel del carpo *Véase:* Muñeca	Ira y frustración ante las aparentes injusticias de la vida.	*Elijo ahora crear una vida que sea de gozo y abundante. Estoy tranquilo.*
Síndrome premenstrual (SPM)	Permitir que reine la confusión. Conceder poder a influencias externas. Rechazo a los procesos femeninos.	*Ahora me hago cargo de mi mente y mi vida. Soy una poderosa y dinámica mujer. Toda parte de mi cuerpo funciona perfectamente. Me amo.*

85

Sobrepeso Véase: Gordura	Temor, necesidad de protección. Huir de los sentimientos. Inseguridad, autorrechazo. Busca de realización.	*Estoy en paz con mis propios sentimientos. Estoy seguro donde estoy. Creo mi propia seguridad. Me amo y me apruebo a mí mismo.*
Sordera	Rechazo, terquedad, aislamiento. ¿Qué es lo que no quieres oír? "No me molestes."	*Escucho a lo Divino y me regocija todo lo que soy capaz de oír. Soy uno con todos.*
Suicidio	Ver la vida únicamente en blanco y negro. Se niega a ver otra salida.	*Vivo en la totalidad de posibilidades. Siempre hay una alternativa. Estoy a salvo.*
Tartamudeo	Inseguridad. Falta de autoexpresión. No se le permite llorar.	*Soy libre para hablar por mí mismo. Ahora me encuentro seguro en mi propia expresión. Me comunico sólo con amor.*
Tenia	Fuerte creencia en ser víctima y no limpio. Impotencia ante las actitudes aparentes de los demás.	*Los demás sólo reflejan los buenos sentimientos que tengo respecto a mí mismo. Amo y apruebo todo lo que soy.*
Testículos	Principio masculino. Masculinidad.	*Es seguro el ser hombre.*

Tétano Véase: Trismo		
Tibia(s)	Resquebrajamiento de ideales. Las tibias representan los patrones de vida.	*Vivo de acuerdo con mis más elevadas normas, con amor y con gozo.*
Tics, crispaduras	Miedo. Sentimiento de estar vigilado por otros.	*Tengo la aprobación de la totalidad de la vida. Todo está bien. Estoy a salvo.*
Timo	Glándula maestra del sistema inmune. Sentirse atacado por la Vida. *Están allí para atraparme.*	*Mis pensamientos de amor mantienen fuerte mi sistema inmune. Estoy a salvo dentro y fuera. Me escucho con amor.*
Tinnitus	Te rehusas a escuchar. No escuchas la voz interior. Terquedad.	*Confío en mi Yo Superior. Escucho con amor mi voz interior. Me libero de todo lo que no es un acto de amor.*
Tiña	Permitir que otros se te metan bajo la piel. No sentirse bastante bueno o bastante limpio.	*Me amo y me apruebo a mí mismo. Ninguna persona, lugar o cosa ejerce poder alguno sobre mí. Soy libre.*

Necesidad de liberar la ira y los pensamientos enconados.

Permito que el amor de mi propio corazón corra por mí y limpie y cure todas las partes de mi cuerpo y mis emociones

Tiroides *Véase:* Bocio, Hipertiroidismo, Hipotiroidismo	Humillación. "Nunca consigo hacer lo que quiero. ¿Cuándo me va a tocar a mí?"	*Trasciendo mis limitaciones y ahora me permito expresarme libremente y con creatividad.*
Tobillo(s)	Inflexibilidad y culpa. Los tobillos representan la capacidad para recibir placer.	*Merezco regocijarme con la vida. Acepto todo el placer que la vida puede ofrecer.*
Tonsilitis *Véase:* Angina, Garganta, inflamación de	Miedo. Emociones reprimidas. Creatividad paralizada.	*Mi bien ahora fluye libremente. A través de mí se expresan ideas divinas. Estoy en paz.*
Tos *Véase:* Respiratorios, males	Deseo de ladrar al mundo. "¡Véanme! ¡Escúchenme!"	*Soy notado y apreciado en las formas más positivas. Soy amado.*
Trismo *Véase:* Tétanos	Ira. Deseo de control. Te rehúsas a expresar sentimientos.	*Confío en el proceso de vida. Con facilidad pido lo que quiero. La vida me respalda.*

Trombosis coronaria Véase: Corazón, ataque	Sentirse solo y atemorizado. "No soy lo bastante bueno. No hago lo suficiente. Nunca lo lograré."	*Soy uno con la vida toda. El Universo me sostiene totalmente. Todo está bien.*
Tuberculosis	Arrollado por el egoísmo. Posesivo. Pensamientos crueles. Venganza.	*Como me amo y me apruebo a mí mismo, creo un mundo gozoso y en paz donde vivir.*
Tumores	Nutre viejas heridas y choques. Crea remordimiento.	*Con amor me deshago del pasado y vuelvo mi atención a este nuevo día. Todo está bien.*
Tumores	Alimentar aquellas viejas heridas. Crear resentimientos.	*Perdono con facilidad. Me amo a mí mismo y me recompenso con pensamientos de alabanza.*
Tumores fibroides y quistes Véase: Femeninos, problemas	Cuidar la herida de un compañero. Un golpe al ego femenino.	*Libero el patrón en mí que atrajo esta experiencia. Creo sólo lo bueno en mi vida.*
Ulceraciones	Palabras de encono retenidas en los labios. Culpar.	*Creo sólo experiencias gozosas en mi amado mundo.*

89

Úlcera péptica *Véase:* Acedía, Estómago, problemas en el; Úlceras	Temor. Creencia de no ser lo bastante bueno. Ansiedad de complacer.	*Me amo y me apruebo a mí mismo. Estoy en paz conmigo mismo. Soy maravilloso.*
Úlceras *Véase:* Acedía, Úlcera péptica, Estómago, problemas en el	Miedo. Fuerte creencia de no ser lo bastante bueno. ¿Qué te está comiendo?	*Me amo y me apruebo a mí mismo. Estoy en paz. Estoy en calma. Todo está bien.*
Uña(s)	Representan protección.	*Llego con seguridad.*
Uña enterrada	Preocupación y culpa respecto a tu derecho a avanzar.	*Es mi derecho Divino asumir mi propia dirección en la vida. Estoy a salvo. Soy libre.*
Uñas, morderse las	Frustración. Devorar al yo. Rencor contra uno de los padres.	*Para mí es seguro crecer. Ahora manejo mi propia vida con gozo y facilidad.*
Uretritis	Emociones de ira. Ser orinado. Culpa.	*Sólo creo experiencias gozosas en mi vida.*

90

Urticaria
Véase: Comezón

Pequeños tumores ocultos. Se hacen montañas de granos de arena.

Traigo paz a todo rincón de mi vida.

Urticaria
Véase: Comezón

Útero

Representa el hogar de la creatividad.

Me siento contenta con mi cuerpo.

Vaginitis
Véase: Femeninos, problemas; Leucorrea

Ira contra un compañero. Culpa sexual. Castigo al yo.

Otros reflejan el amor y autoaprobación que siento por mí misma. Me regocijo en mi sexualidad.

Vahído (Vértigo)

Pensamiento conflictivo disperso. Te rehúsas a mirar.

Estoy profundamente centrado en paz con la vida. Es seguro estar vivo y gozoso.

Varicela
Véase: Zoster

Vejiga, problemas de (Cistitis)

Ansiedad. Aferrarse a viejas ideas. Temor a dejarlas salir. Orinarse.

Con facilidad y comodidad me libero de lo pasado y doy la bienvenida a lo nuevo en mi vida. Estoy a salvo.

Venas varicosas
Encontrarse en una situación que se odia. Desaliento. Sentirse agotado y abrumado.
Me encuentro en la verdad y vivo y me muevo en el gozo. Amo la Vida y circulo libremente.

Verrugas
Pequeñas explosiones de odio. Creencia en la fealdad.
Soy el amor y la belleza de la Vida en plena expresión.

Verrugas en la planta del pie
Ira en la misma base de su entendimiento. Frustración dispersa ante el futuro.
Avanzo con confianza y facilidad. Confío en el proceso de la vida y fluyo con él.

Vértigo
Véase: Mareo

Virus de Epstein-Barr
Empujar más allá de nuestros límites. Temor de no ser lo bastante bueno. Dreno todo soporte interno. Virus de tensión.
Me relajo y reconozco mi autovalía. Soy bastante bueno. La vida es fácil y gozosa.

Vista corta
Véase: Ojos, problemas de; Miopía

Vitíligo	Sentirse completamente al margen de las cosas. No pertenecer. No ser uno del grupo.	*Estoy en el mismo centro de la Vida y me hallo totalmente conectado en el Amor.*
Vómito	Violento rechazo de ideas. Temor a lo nuevo.	*Digiero la vida con seguridad y gozo. Únicamente el bien llega a mí a través de mí*
Vulva	Representa vulnerabilidad.	*Es seguro ser vulnerable*
Zoster (Varicela)	Espera a que caiga el otro zapato. Temor y tensión. Demasiado sensible.	*Estoy relajado y en paz porque confío en el proceso de la vida. Todo está bien en mi mundo.*
Zumaque venenoso	Sentirse indefenso y susceptible al ataque.	*Soy poderoso, estoy a salvo y seguro. Todo está bien.*

SECCIÓN ESPECIAL
DESALINEAMIENTO ESPINAL

Son tantas las personas que tienen problemas en la espalda, y éstos son tan diversificados, que pensé que sería de gran ayuda mencionar la espina y todas las vértebras bajo una categoría diferente. Estudie, por favor, la gráfica espinal con su información y luego trace una referencia cruzada con los equivalentes mentales que aparecen en la lista. Como siempre, use su propia inteligencia para escoger el significado que sea de mayor ayuda para usted.

GRÁFICA DE EFECTOS DEL DESALINEAMIENTO DE LA ESPINA

Vértebra	Áreas	Efectos
1C	Suministro de sangre a la cabeza, glándula pituitaria, cuero cabelludo, huesos de la cara, cerebro, oído interno y medio, sistema nervioso simpático.	Dolores de cabeza, nerviosismo, insomnio, resfríos, presión sanguínea alta, dolores de migraña, ataques nerviosos, amnesia, fatiga crónica, mareos.
2C	Ojos, nervios ópticos, nervios auditivos, senos paranasales, huesos mastoides, lengua, frente.	Problemas de sinusitis, alergias, bizquera, dificultades en los ojos, dolor de oídos, desmayos, ciertos casos de ceguera.
3C	Mejillas, oído externo, huesos de la cara, dientes, nervio trifacial.	Neuralgia, neuritis, acné o barros, eczema.
4C	Nariz, labios, boca, trompa de Eustaquio.	Fiebre de heno, catarro, pérdida de oído, adenoides.
5C	Cuerdas vocales, glándulas del cuello, faringe.	Laringitis, ronquera, condiciones de garganta como dolor, irritación, angina.
6C	Músculos del cuello, hombros, amígdalas.	Cuello rígido, dolor en el brazo superior, tonsilitis, tosferina, crup.
7C	Glándula tiroide, bursa en los hombros, codos.	Bursitis, resfríos, padecimientos de la tiroides.
1T	Brazos, del codo abajo, incluyendo manos, muñeca y dedos; esófago y tráquea.	Asma, tos, respiración difícil, falta de aire, dolor en la parte inferior de brazo y manos.
2T	Corazón, incluyendo válvulas y cubierta; arterias coronarias.	Padecimientos funcionales del corazón y ciertos padecimientos del pecho.
3T	Pulmones, conductos bronquiales, pleura, pecho, senos.	Bronquitis, pleuresía, neumonía, congestión, influenza.
4T	Vesícula biliar, ducto común.	Padecimientos de la vesícula biliar, ictericia, herpes.
5T	Hígado, plexo solar, sangre.	Padecimientos del hígado, fiebres, baja presión sanguínea, anemia, mala circulación, artritis.
6T	Estómago	Molestias en el estómago, incluyendo nervios estomacales, indigestión, acedía, dispepsia.

ATLAS
AXIS
ESPINA CERVICAL
1ª TORÁCICA
REGIÓN DEL CUELLO
DORSO MEDIO
ESPINA TORÁCICA

Vértebra	Estructuras/órganos	Condiciones
7T	Páncreas, duodeno.	Úlceras, gastritis.
8T	Bazo.	Resistencia reducida.
9T	Glándulas adrenales y suprarrenales.	Alergias, urticaria.
10T	Riñones.	Problemas en el riñón, endurecimiento de arterias, fatiga crónica, nefritis, pielitis.
11T	Riñones, uretra.	Padecimientos en la piel, como acné, barros, eczema, espinillas.
12T	Intestino delgado, circulación de linfa.	Reumatismo, dolores de gases, ciertos tipos de esterilidad.
1L	Intestino grueso, anillos inguinales.	Estreñimiento, colitis, disentería, diarrea, algunos estrangulamientos de hernia.
2L	Apéndice, abdomen, pierna superior.	Calambres, respiración difícil, acidosis, venas varicosas.
3L	Órganos sexuales, útero, vejiga, rodillas	Problemas en la vesícula, dificultades menstruales como periodos dolorosos o irregulares, abortos, mojar la cama, impotencia, cambio de síntomas de vida, muchos dolores de rodilla.
4L	Glándula prostática, músculos del dorso inferior, nervio ciático.	Ciática, lumbago, dificultad, dolor o frecuencia al orinar; dolor de espalda.
5L	Piernas inferiores, tobillos, pies.	Mala circulación en las piernas, tobillos hinchados, tobillos y arcos débiles, pies fríos, debilidad en las piernas, calambres en la pierna.
SACRO	Huesos de cadera, nalgas	Condiciones del sacro ilíaco, curvaturas espinales.
COXIS	Recto, ano.	Hemorroides (almorranas), pruritis (comezón), dolor al final de la espina al sentarse.

1ª LUMBAR · **ESPINA LUMBAR** · **SACRO** · **COXIS**

DORSO INFERIOR · **DORSO INFERIOR** · **PELVIS**

Los desalineamientos de las vértebras espinales y discos pueden causar irritación al sistema nervioso y afectar las estructuras, órganos y funciones que pueden resultar de las condiciones que se mencionan arriba.

DESALINEAMIENTO DE LA ESPINA

VÉRTEBRA	CAUSA PROBABLE	NUEVO PATRÓN DE PENSAMIENTO
Espina cervical		
1-C	Temor. Confusión, huir de la vida. No sentirse lo bastante bueno. "¿Qué dirán los vecinos?" Interminable cuchicheo interno.	*Estoy centrado, en calma y equilibrado. El Universo me aprueba. Confío en mi Yo Superior. Todo está bien.*
2-C	Rechazo a la prudencia y sabiduría. Te rehusas a saber o entender. Indecisión. Resentimiento y culpa. Fuera de balance con la vida. Negación de la propia espiritualidad.	*Soy uno con el Universo y toda la vida. Es seguro para mí saber y crecer.*
3-C	Asumir la culpa por otros. Culpa. Martirio. Indecisión. Molerse uno mismo. Morder más de lo que se puede masticar.	*Soy responsable sólo por mí mismo y me regocijo en lo que soy. Puedo manejar todo lo que creo.*

4-C	Ira. Culpa reprimida. Amargura. Sentimientos sofocados. Las lágrimas se agolpan.	*Soy claro en mi comunicación con la vida. Estoy libre para gozar de la vida en este momento.*
5-C	Temor al ridículo y la humillación. Miedo a la expresión. Rechazar lo bueno de uno. Abrumado.	*Mi comunicación es clara. Acepto mi bien. Me libero de todas las expectativas. Soy amado y estoy a salvo.*
6-C	Cargas. Sobrecargas, tratar de arreglar a otros. Resistencia. Inflexibilidad.	*Con amor libero a otros a sus propias lecciones. Con amor me cuido a mí mismo. Me muevo con facilidad por la vida.*
7-C	Confusión. Ira. Sentirse impotente. No puedo lograrlo.	*Tengo derecho a ser yo. Perdono el pasado. Se quién soy. Toco a los demás con amor.*

Espina torácica.

1-T	Temor a la vida. Demasiado con que lidiar. No puedo manejarlo. Cerrarme a la vida.	*Acepto la vida y la llevo con facilidad. Todo bien es mío ahora.*

2-T	Temor, dolor y sentirse lastimado. Falta de disposición a sentir. Cerrar el corazón.	Mi corazón perdona y libera. Es seguro amarme a mí mismo. La paz interior es mi meta.
3-T	Caos interno. Heridas antiguas y profundas. Ineptitud para comunicarse.	Perdono a todos. Me perdono a mí mismo. Me nutro.
4-T	Amargura. Necesidad de hacer mal a otros. Condenación.	Me otorgo el don del perdón y ambos estamos libres.
5-T	Rechazo a procesar las emociones. Sentimientos de condena, furor.	Dejo que la vida fluya a través de mí. Estoy dispuesto a vivir. Todo está bien.
6-T	Ira contra la vida. Lleno de emociones negativas. Temor al futuro. Preocupación constante.	Confío que la vida se desenvuelva ante mí en formas positivas. Es seguro amarme a mí mismo.
7-T	Almacenar dolor. Renuencia a gozar.	Gustosamente libero. Permito que la dulzura llene mi vida.

100

8-T	Obsesión por el fracaso. Te resistes a tu bien.	*Estoy abierto y soy receptivo a todo bien. El Universo me ama y me apoya.*
9-T	Sentirse abandonado por la vida. Culpar a otros. Una víctima.	*Reclamo mi propio poder. Con amor creo mi propia realidad.*
10-T	Renuencia a hacerse cargo. Necesidad de ser víctima. "Es tu culpa."	*Me abro al gozo y al amor, que doy y recibo libremente.*
11-T	Imagen despreciada de sí mismo. Miedo a las relaciones.	*Me veo bello, adorable y apreciado. Estoy orgulloso de ser yo.*
12-T	Repudio el derecho a vivir. Inseguro y temeroso de amar. Ineptitud para digerir.	*Elijo hacer circular los gozos de la vida. Estoy dispuesto a nutrirme.*

101

Espina lumbar

1-L	Llanto por amor y necesidad de estar solo. Inseguridad.	*Estoy seguro en el universo y la Vida toda me ama y me apoya.*

2-L	Aferrado al dolor infantil. No ver escape.	Crezco más allá de las limitaciones de mis padres y vivo por mí mismo. Ahora es mi turno.
3-L	Abuso sexual. Culpa. Autoodio.	Me libero del pasado. Me solazo en mí mismo y en mi bella sexualidad. Estoy a salvo y soy amado.
4-L	Rechazo a la sexualidad. Inseguridad económica. Temor a la carrera. Sentirse impotente.	Amo lo que soy. Me asiento en mi propio poder. Estoy seguro en todos los niveles.
5-L	Inseguridad. Dificultad para comunicarse. Ira. Ineptitud para aceptar placer.	Merezco gozar de la vida. Pido lo que quiero y acepto con gozo y placer.
Sacro	Pérdida de poder. Ira antigua y terca.	Yo soy el poder y autoridad en mi vida. Me libero del pasado y reclamo mi bien ahora.
Coxis.	Fuera de balance consigo mismo. Aferrarse. Culparse a sí mismo. Instalarse en el antiguo dolor.	Pongo mi vida en equilibrio al amarme a mí mismo. Vivo en el ahora y amo lo que soy.

102

COMENTARIOS ADICIONALES

He aprendido que los niños, y también los animales, pueden ser grandemente influidos por la conciencia de los adultos que los rodean debido a que son tan abiertos. Por lo tanto, cuando se trabaja con criaturas o mascotas, convendrá utilizar afirmaciones para ambos, así como para aclarar la conciencia del padre, maestro, pariente, etcétera, que pueda estar a su alrededor ejerciendo su influencia sobre ellos.

Recuérdese que la palabra *metafísica* significa ir más allá de lo físico para determinar la causa mental que está detrás. Por ejemplo, si usted se acerca a mí como cliente, con un problema de estreñimiento, yo sabría que tiene alguna suerte de creencia en las limitaciones y la carencia y, en consecuencia, que se halla mentalmente atemorizado para liberarse de cualquier cosa, por miedo a la incapacidad para reemplazarla. También podría significar que usted se aferra a un viejo y doloroso recuerdo del pasado del que se resiste a desprenderse. Usted puede tener miedo de terminar con relaciones que ya no lo nutren o un trabajo que no es satisfactorio o algunas posesiones que ahora resultan inutilizables. Usted puede incluso ser tacaño. Su mal-estar me daría muchos indicios respecto a su actitud mental.

Yo intentaría hacerle entender que un puño cerrado y una actitud hermética no pueden conducir a nada nuevo. Trataría de ayudarle a desarrollar más confianza en el Universo (ese poder que lo dota de aliento), para que éste le provea a fin de que pueda fluir con los ritmos de la vida. Le ayudaría a liberar sus patrones de miedo y le enseñaría la manera de crear un nuevo ciclo de buenas experiencias con sólo usar su mente de un modo distinto. Podría pedirle que fuera a casa y limpiara sus armarios, desechando todo aquello que fuera inútil, a fin de dejar espacio para cosas nuevas; y, mientras hace esto, que dijera en voz alta: "Me estoy deshaciendo de lo viejo y hago lugar para lo nuevo". Simple, pero efectivo. Una vez que empezara a entender el principio de liberación y de dejar salir, el estreñimiento, que es una forma de atenazamiento y de retención, se ocuparía de sí mismo. El cuerpo libremente se desharía de aquello que ya no es útil, de una manera normal.

Quizás usted haya notado la frecuencia con la que he empleado los conceptos de AMOR, PAZ, GOZO y AUTOAPROBACIÓN. Cuando seamos realmente capaces de vivir a partir del amoroso espacio del corazón, aprobándonos a nosotros mismos y confiando que el Poder Divino proverá por nosotros, entonces la paz y el gozo llenarán nuestras vidas. La enfermedad, el malestar y las experiencias incómodas dejarán de acontecer en nuestra experiencia. Nuestra meta es vivir vidas saludables y felices, disfrutando de nuestra propia compañía. El amor disuelve la ira, el amor se deshace del resentimiento, el amor disipa el miedo, el amor crea seguridad. Cuando su punto de partida es el espacio donde se ama plenamente a sí mismo, entonces todo en su vida debe fluir con facilidad y armonía, salud, prosperidad y gozo.

Una buena forma de usar este libro cuando usted tiene algún problema físico es:

1. Examinar la causa mental. Ver si esto podría ser cierto para usted. Si no es así, siéntese tranquilamente y pregúntese: "¿Cuáles podrían ser los pensamientos en mí que crearon esto?"
2. Repítase a sí mismo (en voz alta, si puede): "Estoy dispuesto a librarme del patrón en mi conciencia que ha creado esta condición".
3. Repítase el nuevo patrón de pensamiento varias veces.
4. Suponga que usted ya se encuentra en pleno proceso de sanar.

Siempre que usted piense en la condición, repita los pasos.

Esta meditación con la que concluyo es de gran ayuda si se lee diariamente, ya que crea una conciencia sana y, por ende, un cuerpo sano.

TRATAMIENTO DE AMOR

MUY HONDO, EN EL CENTRO DE MI SER, existe un manantial infinito de amor, al que ahora permito que emerja a la superficie. Este amor llena mi corazón, mi cuerpo, mi mente, mi conciencia, mi mismo ser e irradia de mí en todas direcciones para retornar multiplicado. Cuanto más amor es el que doy y del que me valgo, más es lo que tengo que dar; la entrega es interminable. Valerme del amor hace que me SIENTA BIEN, pues es la expresión de mi gozo interior. Me amo a mí mismo y, por lo tanto, cuido amorosamente de mi cuerpo; con amor lo alimento con comida y bebida nutritivas; con amor lo visto y acicalo y mi cuerpo me responde amorosamente con vibrante salud y energía. Me amo a mí misma y, por lo tanto, me proveo de un hogar cómodo, que satisface mis necesidades y en el que es un placer habitar. Hago ocupar mis habitaciones con la vibración plena del amor, de modo que todos los que a ellas penetran, incluyéndome a mí, pueden sentir este amor y ser nutridos por él.

Me amo a mí misma y, por lo tanto, me dedico a un trabajo que verdaderamente disfruto hacer, una ocupación que me permite aplicar mis talentos creativos y aptitudes; y trabajo con y para gente a la que amo y que me ama, obteniendo un buen ingreso. Me amo a mí misma y, por tal razón, me comporto y pienso de manera amorosa con toda la gente, pues sé muy bien que todo lo que doy retorna a mí multiplicado. A mi mundo atraigo únicamente a personas amorosas, pues éstas son un reflejo de lo que yo soy. Me amo a mí misma y, por lo tanto, perdono y libero totalmente el pasado y todas las experiencias pasadas y estoy libre. Me amo a mí misma y, por lo mismo, vivo totalmente en el ahora, experimentando cada momento como bueno y sabiendo que mi futuro es brillante, gozoso y seguro, puesto que soy una amada criatura del Universo y el Universo, amorosamente, me cuida ahora y para siempre jamás. Y así es.

Los amo a todos.

Louise L. Hay, autora de los libros de gran venta *Tú puedes sanar tu vida* y *El poder está dentro de ti*, es una consejera de renombre internacional, maestra y conferenciante.

La clave del mensaje de la doctora Hay es: "Si estamos dispuestos a trabajar mentalmente, casi cualquier cosa puede curarse". La autora posee un enorme acervo de experiencia e información de primera mano acerca de los patrones mentales que crean la enfermedad física, incluyendo su propia curación del cáncer. En sus frecuentes conferencias, talleres y programas de adiestramiento, la doctora Hay ofrece guías y pasos prácticos para disolver tanto los temores como las causas de los males. Ella dedica su vida a ayudar a otros a descubrir y usar todo el potencial de sus propios poderes creativos.

NOTAS

NOTAS

TAMBIÉN DE LOUISE L. HAY

Tú puedes sanar tu vida

Tú puedes sanar tu vida
(Edición de regalo)

Colores y números

Ámate y sana tu vida
(Libro de trabajo)

Pensamientos del corazón

El poder está dentro de ti

¡Yo sí puedo!

Grandes momentos de nuestra vida

¡Yo creo! ¡Yo soy!
(Libro para niños)